An Ceart Comhfhreagrais i nGaeilge le hInstitiúidí an Aontais Eorpaigh

Cás Ombudsman Eorpaigh 2580/2006/TN

An Ceart Comhfhreagrais i nGaeilge le hInstitiúidí an Aontais Eorpaigh

Cás Ombudsman Eorpaigh 2580/2006/TN

Pádraig Breandán Ó Laighin

ÉDITIONS DE LIS
Montréal

COISCÉIM
Baile Átha Cliath

An Ceart Comhfhreagrais i nGaeilge le hInstitiúidí an Aontais Eorpaigh: Cás Ombudsman Eorpaigh 2580/2006/TN

An chéad chló 2013

© Pádraig Breandán Ó Laighin, 2013

Arna chomhfhoilsiú ag:

Coiscéim *(www.coisceim.ie)*
Tigh Bhríde
91 Bóthar Bhinn Éadair
Páirc na bhFianna, Binn Éadair
Baile Átha Cliath 13

Éditions de Lis
SP Saint-Charles CP 64
16997 Aut. Transcanadienne
Kirkland QC
Canada H9H 0A2

Orduithe ó dhíoltóirí leabhar: ÁIS, 31 Sráid na bhFíníní, Baile Átha Cliath 2, ÉIRE (Guthán +353-1-6626259; Ríomhphost *eolas@forasnagaeilge.ie*)

Tá Coiscéim buíoch d'Fhoras na Gaeilge agus den Chomhairle Ealaíon as tacaíocht airgeadais a chur ar fáil.

Foras na Gaeilge

Dearadh, clóchur, agus clúdach: Pádraig Ó Laighin
Clódóireacht: Johnswood Press Teoranta

Library and Archives Canada Cataloguing in Publication

Ó Laighin, Pádraig Breandán, author
    An ceart comhfhreagrais i nGaeilge le hinstitiúidí an Aontais Eorpaigh : Cás Ombudsman Eorpaigh 2580/2006/TN / Pádraig Breandán Ó Laighin.

Includes bibliographical references.
Text in Irish and English.
ISBN 978-0-9865296-2-7 (pbk.)

    1. European Union countries--Languages--Law and legislation. 2. Language policy--European Union countries. 3. Irish language--Social aspects--European Union countries. I. Title.

P119.32.E87O42 2013   306.44'94   C2013-906637-3

Catalogage avant publication de Bibliothèque et Archives Canada

Ó Laighin, Pádraig Breandán, auteur
    An ceart comhfhreagrais i nGaeilge le hinstitiúidí an Aontais Eorpaigh : Cás Ombudsman Eorpaigh 2580/2006/TN / Pádraig Breandán Ó Laighin.

Comprend des références bibliographiques.
Texte en irlandais et anglais.
ISBN 978-0-9865296-2-7 (pbk.)

    1. Pays de l'Union européenne--Langues--Droit. 2. Politique linguistique--Pays de l'Union européenne. 3. Irlandais (Langue)--Aspect social--Pays de l'Union européenne. I. Titre.

P119.32.E87O42 2013   306.44'94   C2013-906637-3

Dépôt légal: 4ème trimestre 2013, Bibliothèque nationale du Canada
Dépôt légal: 4ème trimestre 2013, Bibliothèque nationale du Québec
Taisce dhlíthiúil: Samhain 2013, Leabharlann Náisiúnta na hÉireann

Clár

~

1

CÚLRA AGUS COMHTHÉACS AN GHEARÁIN

~

Fréamhaíodh an iomarbhá atá i gceist sa leabhar seo sna cainteanna faoi aontachas na hÉireann le Comhphobal Eacnamaíochta na hEorpa, agus le cinneadh an Rialtais sa bhliain 1971 an Ghaeilge a eisiamh ó ghnáthimeachtaí riaracháin agus rialaithe an Chomhphobail mhéadaithe. D'ainneoin freasúra láidir ó na Ballstáit, shocraigh Rialtas na hÉireann nach gcuirfí ar fáil do phobal na hÉireann na buntáistí a leanfadh ón nGaeilge a bheith ainmnithe mar theanga oifigiúil; d'iarr sé an ról siombalach ba lú don Ghaeilge a shásódh, i dtuairim na mBallstát, deimhneacht dhlíthiúil – leaganacha barántúla de na Conarthaí a bheith ar fáil i nGaeilge – agus d'iarr sé rannphairtíocht sna réamhshocruithe don Bhéarla mar theanga oifigiúil. Níos faide anonn, mar thoradh ar Chonradh Amstardam, bhí ceart ag saoránaigh ó Bhealtaine na bliana 1999 scríobh chuig institiúidí an Chomhphobail Eorpaigh sna teangacha Conartha, an Ghaeilge san áireamh, agus freagra a fháil ar ais sa teanga chéanna. Sna blianta beaga ina dhiaidh sin, agus suas go dtí 2006, bhí ag teip ar institiúidí an Aontais an fhoráil sin a chur i bhfeidhm go hiomlán, go háirithe i gcás na Gaeilge. Bhí gearáin á ndéanamh sna meáin faoin mainneachtain seo, agus líomhaintí á gcur faoi bhráid lucht Rialtais abhus, ach níor léir go raibh aon athrú marthanach chun feabhais ag teacht ar chleachtais riaracháin ábhartha an Chomhphobail.

An stádas a socraíodh don Ghaeilge sa bhliain 1972

Thosaigh caibidlíocht ar iarratais na hÉireann, na Breataine, na Danmhairge, agus na hIorua ar bhallraíocht i gComhphobal Eacnamaíochta na hEorpa (CEE) i Meitheamh na bliana 1970. Leagadh síos mar phrionsabal nárbh fholáir do na tíortha sin glacadh leis an *acquis communautaire* – na conarthaí bunaidh agus na gníomhartha a bhí i bhfeidhm – ar theacht in aontachas dóibh. Ba é Conradh na Róimhe (1957) an príomhchonradh a bhí i gceist, agus d'fhoráil sé sin go ndéanfadh Comhairle an Chomhphobail na rialacha i dtaobh theangacha na n-institiúidí a chinneadh, gan dochar do na forálacha a bhí i bhfeidhm sa Chúirt Bhreithiúnais.[1] Rinne an Chomhairle amhlaidh lena céad rialachán, Rialachán Uimh. 1/1958 (Rialachán 1/1958). Achtaíodh sa chéad Airteagal de gurbh iad Fraincis, Gearmáinis, Ollainnis, agus Iodáilis teangacha oifigiúla agus teangacha oibre an Chomhphobail. Tugadh mar chúis san aithris go raibh gach ceann de na ceithre theanga sin, a raibh an Conradh dréachtaithe iontu, aitheanta mar theanga oifigiúil i gceann amháin nó níos mó de Bhallstáit an Chomhphobail. Dá réir sin, glacadh leis go forleathan go leasófaí Rialachán 1/1958 chun teangacha oifigiúla na mBallstat nua a ainmniú mar theangacha oifigiúla agus mar theangacha oibre, an Ghaeilge san áireamh – agus í sin ach go háirithe ó bhí sí luaite i mBunreacht na hÉireann mar phríomhtheanga oifigiúil.

Tharla an chéad Chruinniú Aireachta idir an CEE agus Éire an 15 Nollaig 1970. Ag an gcruinniú sin, b'ábhar suntais don CEE nár thagair an toscaireacht Éireannach don Ghaeilge, ach gur iarr siad cead a bheith rannpháirteach in obair an Choimisiúin agus na toscaireachta Briotanaí i ngach gné de bhunú na dtéacsanna Béarla de na conarthaí agus de rialacháin an Chomhphobail.[2]

---

1 Airteagal 217.
2 Conseil de la Communauté économique européenne; Conseil de la Communauté européenne de l'Énergie atomique, Archives historiques, CM 2/1971 0260, "Note concernant le 'probléme linguistique' (et notamment la langue irlandaise) dans une Communauté élargie".

Rinneadh plé ar na himpleachtaí a bhainfeadh le stádas mar theanga oifigiúil agus mar theanga oibre de chuid an CEE ag cruinniú idir-rannach a tionóladh sa Roinn Airgeadais an 13 Iúil 1971. Tugadh le fios nach raibh aon chinneadh scríofa curtha ar fáil ag an Rialtas. Go gairid ina dhiaidh sin, áfach, an 23 Iúil 1971, i litir chuig Aldo Moro, Uachtarán Chomhairle na gComhphobal Eorpach, mhol Pádraig Ó hIrighile, Aire Gnóthaí Eachtracha na hÉireann, go gcuirfí socruithe speisialta i bhfeidhm i gcás na Gaeilge. Ba mhian le Rialtas na hÉireann go n-ainmneofaí an Ghaeilge mar theanga oifigiúil, ach nach mbeadh i gceist leis sin ach go ndéanfaí méid teoranta téacsanna a aistriú go Gaeilge: chuirfí leagan barántúil den chonradh aontachais agus leaganacha oifigiúla de na conarthaí bunaidh ar fáil i nGaeilge, agus ba shin an méid. Dúradh sa litir gurbh é seasamh an Rialtais go mba leor an méid sin mar aitheantas cuí do stádas na Gaeilge i mBunreacht na hÉireann, agus go sásódh sé mianta an phobail agus an Oireachtais. Roinnt laethanta ina dhiaidh sin, an 28 Iúil 1971, dhearbhaigh an tAire Ó hIrighile sa Dáil i bhfreagra ar cheisteanna go raibh molta ag an Rialtas go n-ainmneofaí an Ghaeilge mar theanga oifigiúil, ach foráil a bheith ann faoin méid de théacsanna an Chomhphobail a chaithfí a aistriú go Gaeilge.

Ba léir láithreach do CEE go raibh neamhréireachtaí inmhéanacha sa mholadh ón Aire Ó hIrighile. Ba é Rialachán 1/1958 an t-aon ionstraim i reachtaíocht na gComhphobal a d'ainmnigh na teangacha oifigiúla, agus a leag síos na cearta teanga don Bhallstát agus don duine aonair a bhain leis an ainmniú sin. I measc na gceart sin tugadh ceart cumarsáide sa teanga oifigiúil don duine aonair in Airteagal 2 den rialachán, mar a leanas:

> *Is féidir doiciméid a sheolann Ballstát nó duine atá faoi réir dlínse Ballstáit chuig institiúidí an Chomhphobail a dhréachtú in aon cheann de na teangacha oifigiúla a roghnóidh an seoltóir. Déanfar an freagra a dhréachtú sa teanga chéanna.*[3]

---

3 Aistriúchán le Pádraig Ó Laighin.

Níorbh fhéidir faoin dlí an Ghaeilge a shonrú mar theanga oifigiúil
in aithris an Rialacháin sin, ná a hainmniú amhlaidh sa chéad
airteagal ann, agus ansin na cearta ar fad sna hairteagail eile ar fad,
an ceart cumarsáide san áireamh, a chur ar ceal i leith na Gaeilge.

Pléadh an cheist sa chaibidlíocht. Chuir cuid de na Ballstáit
go láidir in aghaidh mholadh na hÉireann, ní a d'admhaigh
Rialtas na hÉireann níos déanaí.[4] I dtuairim na Fraince, bhí baol
ann d'aon reachtaíocht de chuid an Chomhphobail mhéadaithe in
Éirinn ar bhonn deimhneacht dhlíthiúil – *sécurité légale* – de bhrí
gurbh í an Ghaeilge teanga náisiúnta agus príomhtheanga oifigiúil
na hÉireann. Ar ndóigh ba chás leis an bhFrainc freisin dhá stát
nua a bheith á nglacadh isteach sa Chomhphobal agus an Béarla
mar theanga oifigiúil acu araon.

D'ainneoin an fhreasúra, ghéill toscaireacht an
Chomhphobail. An 15 Deireadh Fómhair 1971, dhearbhaigh siad
i scríbhinn gur thuig siad gur mhian le Rialtas na hÉireann go
n-aithneofaí an Ghaeilge mar theanga oifigiúil den Chomhphobal,
ar an gcoinníoll go gciallódh sé sin go mbeadh úsáid na Gaeilge
i ngnóthaí an Chomhphobail teoranta d'aistriú na n-ionstraimí
aontachais, ach amháin na codanna díobh a chuir reachtaíocht
thánaisteach i láthair, agus go mbeadh an leagan Gaeilge
comhúdarásach leis na leaganacha sna teangacha eile; go
mbeadh aistriúchán ann de théacsanna chonarthaí bunaidh an
Chomhphobail Eacnamaíochta Eorpaigh agus an Chomhphobail
Eorpaigh um Fhuinneamh Adamhach; agus go raibh siad i bhfách
le glacadh leis an iarratas seo.[5]

---

4   I mír 5 de dhoiciméad dar teideal "Stádas na Gaeilge sna Comhphobail
Eacnamaíochta Eorpacha" a réitigh Roinn an Taoisigh i gcomhairle leis an
Roinn Gnóthaí Eachtracha agus ar cuireadh cóip de i dteannta litreach chuig
Donnchadh Ó hAodha, Rúnaí Chonradh na Gaeilge, an 29 Bealtaine 1973
(Roinn an Taoisigh, S. 18748).
5   "La délégation de la Communauté comprend que, par cette lettre, le
Gouvernement irlandais a exprimé le voeu que la langue irlandaise soit reconnue
comme langue officielle de la Communauté élargie, étant entendu que ceci
signifie que l'usage de la langue irlandaise dans le cadre communautaire sera

Shoiléirigh dearbhú seo thoscaireacht an Chomhphobail go raibh cinneadh déanta ag Éirinn gan an *acquis communautaire* a aistriú, ach amháin na conarthaí bunaidh, go háirithe Conradh na Róimhe. Chuir an toscaireacht Éireannach ráiteas faoi bhráid an chruinnithe ag glacadh buíochais leis an gComhphobal as aontú le hiarratas an Aire Gnóthaí Eachtracha go ndéanfaí an Ghaeilge a "ainmniú" mar theanga oifigiúil de na Comhphobail mhéadaithe. Imeartas focal a bhí i gceist anseo ar mhaithe le hidé-eolaíocht pholaitiúil. Iarratas go "n-aithneofaí" an Ghaeilge mar theanga oifigiúil a bhí i ráiteas an Chomhphobail – "reconnue" sa Fhraincis. Bhí a fhios go maith ag toscaireacht na hÉireann nach raibh an Ghaeilge á "hainmniú"[6] mar theanga oifigiúil, de bhrí go raibh sé socraithe acu thar ceann Rialtas na hÉireann *nach* ndéanfaí an Ghaeilge a "ainmniú" mar theanga oifigiúil i measc na dteangacha oifigiúla nua sa leasú ar Rialachán 1/1958 a bheadh mar dhlúthchuid den chonradh aontachais. Ceadaíodh na socruithe teanga sin go foirmiúil ag cruinniú caibidlíochta an 24 Samhain 1971.[7]

Shínigh Pádraig Ó hIrighile agus an Taoiseach Seán Ó Loinsigh an conradh aontachais thar ceann na hÉireann an 22 Eanáir 1972. Leasaigh an conradh sin Rialachán 1/1958 chun Béarla, Danmhairgis, agus Ioruais a ainmniú i measc na dteangacha

limité à une traduction des instruments relatifs à l'adhesion, à l'exception des dispositions ayant la valuer de droit dérivé, la version ainsi établie faisant foi au même titre que les autres, et à une traduction dans cette langue des textes des traités instituant la Communauté économique européenne et la Communauté européenne de l'énergie atomique." Conseil, Archives historiques, CM 2/1971 0260.

6   "*Designé*" i bhFraincis, "*designate*" i mBéarla.

7   Ar ndóigh, ní raibh an Béarla ina teanga oifigiúil de chuid an Chomhphobal le linn na caibidlíochta. Nuair a tháinig litir an Aire Uí Irighile chuig an gComhphobal, aistríodh go Fraincis í, agus ba í an t-aistriúchán a phléigh toscaireacht an Chomhphobail. San aistriúchán, úsáideadh an focal "reconnue" i gcás an dá fhocal "recognition" agus "designated" a d'úsáid an tAire Ó hIrighile. Conseil, Archives historiques, CM5 ADH. ADH1. 455.1, "Demande du Gouvernement irlandais visant à obtenir que la langue irlandaise soit considerée comme une des langues officielles de la Communauté élargie".

oifigiúla.[8] I gcomhréir leis an gcomhaontú le hÉirinn, bhí leagan barántúil d'ionstraimí an aontachais ann i nGaeilge, ach leis na leasuithe ar Rialachán 1/1958 agus ar reachtaíocht thánaisteach eile a bhí mar chuid díobh i mBéarla amháin ann, agus cuireadh téacsanna comhúdarásacha na gconarthaí bunaidh ar fáil sna teangacha oifigiúla nua agus sa Ghaeilge. Níor ainmníodh an Ghaeilge mar theanga oifigiúil ná mar theanga oibre.

Go gairid ina dhiaidh sin, d'eisigh Rialtas na hÉireann Páipéar Bán a raibh sé mar aidhm aige dea-thoil a chothú san Oireachtas agus i measc an phobail don aontachas leis na Comhphobail Eorpacha a mbeadh Reifreann ann lena achtú. Dúradh an méid seo a leanas sa Pháipéar Bán:[9]

> *Tá an Ghaeilge á haithint mar theanga oifigiúil de chuid na gComhphobal méadaithe. Beidh teangacha na mBallstát nua eile, an Béarla, an Danmhairgis agus an Ioruais, ina dteangacha oifigiúla freisin, mar aon le teangacha oifigiúla an Chomhphobail atá ann faoi láthair, eadhon, an Fhraincis, an Ghearmáinis, an Iodáilis, agus an Ollainnis.[10]*

Cé gur leanadh ar aghaidh sa mhír chéanna le cur síos ar na socruithe a bhí déanta d'aistriúchán agus d'údarás théacsanna Gaeilge na gconarthaí, bhí an dá abairt thuas bréagach agus míthreorach.

---

8 Mar thoradh ar reifreann, shocraigh an Iorua gan glacadh le ballraíocht sna Comhphobail Eorpacha.

9 *The Accession of Ireland to the European Communities*, mír 30, leathanach 83. I mBéarla a bhí an Páipéar Bán. Sliocht atá anseo as aistriúchán ar mhír 30 de a chuir Roinn an Taoisigh ar fáil i mír 3 den doiciméad "Stádas na Gaeilge sna Comhphobail Eacnamaíochta Eorpacha" a bhfuil tagairt dó i bhfonóta 4 thuas (Roinn an Taoisigh, S. 18748).

10 Mar a leanas don téacs sa bhunleagan foilsithe Béarla: "Irish is being recognised as an official language of the enlarged Communities. The languages of the other new member states, Danish, English and Norwegian, will also be official languages together with the official languages of the present Community, namely, Dutch, French, German, and Italian."

Ceart cumarsáide i nGaeilge: Conradh Amstardam 1997

Tháinig an Comhphobal Eorpach (CE) i gcomharbas ar Chomhphobal Eacnamaíochta na hEorpa sa bhliain 1993, agus cruthaíodh an tAontas Eorpach mar struchtúr uileghabhálach ag an am céanna.[11] Síníodh Conradh Amstardam sa bhliain 1997, agus tháinig sé i bhfeidhm – tar éis reifrinn i gcás na hÉireann – an 1 Bealtaine 1999. Trí leasú a dhéanamh ar an gConradh ag bunú an Chomhphobail Eorpaigh (Conradh CE), thug Conradh Amstardam aitheantas foirmiúil do chearta saoránach na teangacha Conartha a úsáid i gcumarsáid dírithe ar institiúidí áirithe de chuid an Aontais. Mar a leanas foclaíocht Airteagal 21.3 den Chonradh CE:[12]

> *Féadfaidh gach saoránach den Aontas scríobh chuig aon cheann de na hinstitiúidí nó comhlachtaí dá dtagraítear san Airteagal seo nó in Airteagal 7 i gceann de na teangacha atá luaite in Airteagal 314 agus freagra a fháil uaidh sa teanga chéanna.*

Tagraítear do Pharlaimint na hEorpa agus don Ombudsman Eorpach san Airteagal, agus in Airteagal 7 luaitear an Pharlaimint arís, móide an Chomhairle, an Coimisiún, an Chúirt Bhreithiúnais, an Chúirt Iniúchóirí, an Coiste Eacnamaíoch agus Sóisialta, agus Coiste na Réigiún. Ar ndóigh, mar theanga Chonartha, tá an Ghaeilge i measc na dteangacha atá luaite in Airteagal 314.

Sna blianta 2006 agus 2007, nuair a bhí an gearán atá faoi chaibidil sa leabhar seo á imscrúdú ag an Ombudsman Eorpach, bhí Airteagal 21.3 den Chonradh CE i bhfeidhm. Mhéadaigh agus shoiléirigh Conradh Liospóin 2008 réimse na gceart atá ag saoránaigh maidir le cumarsáid sna teangacha Conartha.

---

11 Tháinig an tAontas Eorpach i gcomharbas ar an gComhphobal Eorpach go dlíthiúil sa bhliain 2009 de dhroim Chonradh Liospóin.

12 Is d'aon ghnó a úsáidim réamhfhocal le halt roimh ghiorrúcháin ar theidil na gConarthaí. Fágaim "de Chonradh CE" agus a leithéid gan athrú sna doiciméid ón Aontas Eorpach a fhoilsítear thíos.

Dá réir, tugtar liosta na dteangacha Conartha in Airteagal
55.1 den Chonradh ar an Aontas Eorpach (Conradh AE), áit a
ndearbhaítear go bhfuil comhúdarás ag na téacsanna i ngach
ceann de na teangacha sin. Aithníonn Airteagal 20.2(d) den
Chonradh ar Fheidhmiú an Aontais Eorpaigh (CFAE)

*an ceart chun achainí a dhéanamh chuig Parlaimint na
hEorpa, dul ar iontaoibh an Ombudsman Eorpaigh, agus dul
i dteagmháil le hinstitiúidí agus comhlachtaí comhairleacha
an Aontais in aon cheann de theangacha na gConarthaí agus
freagra a fháil sa teanga chéanna.*

Dearbhaíonn Airteagal 24 den CFAE gur féidir le saoránach
scríobh chuig na hinstitiúidí agus na comhlachtaí céanna a bhí i
gceist faoi Airteagal 21.3 den Chonradh CE, móide Banc Ceannais
na hEorpa agus insitiúid nua a bhunaigh Conradh Liospóin,
an Chomhairle Eorpach,[13] agus freagra a fháil uathu sa teanga
chéanna.

Ó theacht i bhfeidhm Chonradh Liospóin an 1 Nollaig 2009,
tá Cairt um Chearta Bunúsacha an Aontais Eorpaigh ceangailteach
ó thaobh dlí de ar an mbonn céanna leis na Conarthaí. Forálann
Airteagal 41.4 den Chairt mar a leanas:

*Féadfaidh gach duine scríobh chuig institiúidí an Aontais i
gceann de theangacha na gConarthaí agus caithfidh sé nó sí
freagra a fháil sa teanga chéanna.*

Ní thagraíonn an tAirteagal seo do na comhlachtaí comhairleacha,[14]

---

13 Faoi réir Chonradh Liospóin, is institiúidí ar leith iad an Chomhairle
Eorpach agus an Chomhairle. Leagann an Chomhairle Eorpach amach treoirlínte
polaitiúla agus tosaíochtaí ginearálta don Aontas, agus tá sé comhdhéanta de
Cheannairí Stáit nó Rialtais na mBallstát, mar aon le hUachtarán na Comhairle
Eorpaí agus Uachtarán an Choimisiúin. Tá ról lárnach ag Comhairle an
Aontais Eorpaigh – an Chomhairle – mar chinnteoir i gcúrsaí reachtaíochta,
comhaontuithe idirnáisiúnta, agus buiséid; Airí ó Rialtais na mBallstat ar fad
a bhíonn rannpháirteach ina himeachtaí, agus bíonn gach Ballstát ar a sheal i
mbun uachtaránacht na Comhairle ar feadh sé mhí.
14 An Coiste Eacnamaíoch agus Sóisialta agus Coiste na Réigiún.

ach treisíonn sé an ceart cumarsáide leis na hinstitiúidí sa mhéid go bhforálann sé nach foláir dóibh freagra a sholáthar.

Comhthéacs an ghearáin

An 13 Meitheamh 2005, ghlac Comhairle an Aontais Eorpaigh – ag gníomhú di d'aon toil i gcomhréir le ceanglais Chonartha[15] – Rialachán (CE) Uimh. 920/2005 (Rialachán 920/2005). Leasaigh an Rialachán seo Rialachán 1/1958 agus ainmníodh an Ghaeilge mar theanga oifigiúil agus mar theanga oibre de chuid an Aontais Eorpaigh. Faoi dheireadh, tar éis breis is tríocha bliain, bhí an aimhrialtacht a bhain le stádas na Gaeilge ceartaithe, agus bheadh na teangacha Conartha ar fad ina dteangacha oifigiúla agus oibre chomh maith. Foráladh go mbeadh feidhm ag stádas nua na Gaeilge ón 1 Eanáir 2007 amach. Thug sé sin tréimhse breis is bliain go leith d'insititiúidí an Aontais na socruithe riaracháin a dhéanamh chun cinneadh na Comhairle a chur chun feidhme.

Chuir Airteagal 2 de Rialachán 920/2005 maolú sealadach i bhfeidhm ar Rialachán 1/1958, mar a leanas:

De mhaolú ar Rialachán Uimh. 1 agus go ceann tréimhse in-athnuaite cúig bliana dar tús an lá a mbeidh feidhm ag an Rialachán seo, ní bheidh institiúidí an Aontais Eorpaigh faoi cheangal ag an oibleagáid na gníomhartha go léir a dhréachtú sa Ghaeilge agus iad a fhoilsiú sa teanga sin in Iris Oifigiúil an Aontais Eorpaigh.

Ní bheidh feidhm ag an Airteagal seo maidir le Rialacháin a ghlacann Parlaimint na hEorpa agus an Chomhairle go comhpháirteach.[16]

Baineann an maolú sin go díreach, go sonrach, agus go heisiach

---

15 Forálann Airteagal 290 den Chonradh CE go "[n]déanfaidh an Chomhairle, ag gníomhú di d'aon toil, na rialacha i dtaobh theangacha institiúidí an Chomhphobail a chinneadh, gan dochar do na forálacha atá i Reacht na Cúirte Breithiúnais".
16 Aistriúchán le Pádraig Ó Laighin.

le gníomhartha dlí an Aontais – rialacháin, treoracha, cinntí, agus moltaí agus tuairimí[17] – agus le breithiúnais Chúirt Bhreithiúnais an Aontais Eorpaigh. Faoin maolú, as measc na ngníomhartha, dhéanfaí na rialacháin ón bpróiseas comhchinnteoireachta, iad sin a ghlacann an Chomhairle agus an Pharlaimint go comhpháirteach, a dhréachtú agus a fhoilsiú i nGaeilge.

San idirlinn ó chinneadh na Comhairle an Ghaeilge a ainmniú mar theanga oifigiúil agus an 1 Eanáir 2007 nuair a bheadh feidhm ag an stádas nua sin, ba léir dom nár mhiste súil a choinneáil ar phleanáil an athraithe. Mar Chathaoirleach ar Stádas, eagras a bhí lárnach san fheachtas ar son na Gaeilge, bhí sainordú agam faireachán a dhéanamh ar chur chun feidhme an tsocraithe a bhí déanta. Faoi thús na bliana 2006, bhí nithe áirithe i bpleanáil an Aontais Eorpaigh ag déanamh imní dom. An 25 Meán Fómhair 2005, mar shampla, d'eisigh an Pharlaimint ráiteas a mhínigh go mbeadh cead ag Feisirí na hÉireann Gaeilge a labhairt sa Pharlaimint ón 1 Eanáir 2007, agus go gcuirfí ateangaireacht ar fáil ó Ghaeilge go Béarla, ach nach gcuirfí ateangaireacht i dtreo na Gaeilge ar fáil.[18] Ní raibh aon bhunús dlí ann ag an am don ráiteas sin faoin ateangaireacht: ba ghá go gceadódh an Pharlaimint leasú ar na Rialacha Nós Imeachta sula bhféadfaí ráiteas dá leithéid a dhéanamh. I gcáipéis de chuid Ard-Stiúrthóireacht an Aistriúcháin, a tugadh suas chun dáta an 9 Feabhra 2006, foilsíodh liosta na dteangacha oifigiúla agus dátaí a gcur chun feidhme sa stádas sin. Bhí Bulgáiris agus Rómáinis ar an liosta, teangacha ar glacadh leo tar éis don Ghaeilge a bheith ainmnithe mar theanga oifigiúil, ach ní raibh an Ghaeilge ar an liosta.[19] Bhí tagairtí i ndoiciméid éagsúla de chuid an Aontais a

---

17 Faoi Airteagal 228 den CFAE, tá rialacháin, treoracha, agus cinntí ceangailteach, agus tá moltaí agus tuairimí neamhcheangailteach.
18 "Stádas na Gaeilge san Aontas Eorpach – Status of Irish in the EU." Seirbhís Nuachta Pharlaimint na hEorpa. Tagairt: 20050928IPR00827. 28-09-2005.
19 "Dates of language enlargements." Ard-Stiúrthóireacht an Aistriúcháin. 09-02-2006.

thug le fios go ndéanfaí an t-aistriúchán cuí ar na Rialacháin ón bpróiseas comhchinnteoireachta, ach nach mbeadh an réimse leathan foilseachán a bhí ar fáil sna teangacha oifigiúla eile ar fad, ar shuíomhanna idirlín an Aontais agus i bhfoirm chlóite, ar fáil i nGaeilge. Bhíothas á thabhairt le tuiscint go mbeadh an socrú sin de réir an mhaolaithe, rud narbh fhíor de bhrí nár bhain an maolú ach le gníomhartha. Bhí maolú den chineál céanna, leis an bhfoclaíocht chéanna ach amháin na dátaí, i bhfeidhm i gcás na Máltaise, ach ní raibh an bhrí theorantach seo á ceangal leis.

Tugadh cuireadh dom a bheith páirteach i dtoscaireacht a thug cuairt ar an mBruiséil, go háirithe ar an bParlaimint, an 5 agus an 6 Márta 2006.[20] Cé gur thugas faoi mar chuairt aimsithe fíoras agus faisnéise, ba mhian liom tionchar a imirt ar chur i bhfeidhm céimnithe an Rialacháin, agus gníomhú go réamhghabhálach in aghaidh aon chúlú siar ó bhunphrionsabail an dlí. Ag na cruinnithe a bhí eagraithe le Buanionadaíocht na hÉireann, le Feisirí Éireannacha na Parlaiminte, agus le hArd-Stiúrthóireacht Aistriúcháin na Parlaiminte, i gcomhthéacs malartú eolais agus tuairimí, rinne mé cur i láthair maidir leis na míthuiscintí a bhí á leathadh ag institiúidí an Aontais agus dháileas cóipeanna de dhoiciméad dátheangach ar an ábhar a bhí ullmhaithe agam.[21] Bhíos sásta ar bhonn an eolais a cuireadh ar fáil go raibh an phleanáil don aistriúchán ag dul ar aghaidh go réasúnta maith, le comórtas earcaíochta le foilsiú go luath. Mar sin féin, bhí na rudaí nár luadh maidir le haistriúchán, mar shampla na suíomhanna gréasáin, ina n-ábhar imní. Cé nár bhuaileamar le feidhmeannaigh na hateangaireachta, d'athdhearbhaigh feidhmeannach aistriúcháin nach raibh ateangaireacht ghníomhach i dtreo na Gaeilge á beartú ag an bParlaimint, cé nach raibh aon socrú déanta go daonlathach ina leith seo i Rialacha Nós Imeachta na Parlaiminte.

20 Bairbre de Brún FPE a d'eagraigh an chuairt.
21 "Staid na Pleanála don Ghaeilge mar Theanga Oifigiúil Oibre den Aontas Eorpach / The State of Planning for Irish as an Official Working Language of the European Union (Translation)."

Sa ghearrthéarma, is beag dul chun cinn a bhí le sonrú. Níor ceartaíodh na botúin i bhfoilseacháin an Aontais. Ní raibh aon chomórtas á phleanáil d'ateangairí Gaeilge don Pharlaimint. San am céanna, bhí raidhse comórtas ar siúl agus beartaithe, comórtais d'ateangairí san áireamh, don Bhulgáiris agus don Rómáinis, teangacha nach raibh dáta a n-iontrála socraithe fós ag an am. Dá bhrí sin, d'fhorbair mé tuarascáil níos cuimsithí ar na hábhair imní ba chúram dom.[22] Trí idirghabháil Bhairbre de Brún FPE, agus ina teannta, ghlacas páirt i sraith cruinnithe ar an 25 Aibreán 2006 le feidhmeannaigh shinsearacha de chuid na Parlaiminte agus an Choimisiúin a eagraíodh d'aon ghnó chun na hábhair imní sin a chíoradh.[23] Phléamar cúrsaí ateangaireachta i gcruinnithe le Marco Benedetti (Ard-Stiúrthóir Ateangaireachta an Choimisiúin) agus le Patrick Twidle (Ceann Aonaid Ateangaireachta sa Pharlaimint). Soiléiríodh nach raibh leordhóthain ateangairí comhdhála le Gaeilge ar fáil chun oibleagáidí na n-institiúidí a chomhlíonadh ón tús, ach go raibh caiblidíocht ar siúl le hÉirinn maidir le cúrsaí oiliúna. D'eagrófaí tástálacha creidiúnaithe do shaor-ateangairí. Bhí socrú idirthréimhseach – a d'fhéadfadh a bheith teoranta do dhá bhliain – maidir le hateangaireacht Ghaeilge á phlé ag Biúró na Parlaiminte, agus, ag freagairt don méid a bhí scríofa agam ar an ábhar áirithe sin, bhí sé i gceist go molfaí leasú ar Rialacha Nós Imeachta na Parlaiminte a cheadódh socrú dá leithéid.

Ag cruinniú le Karl-Johan Lönnroth (Ard-Stiúrthóir Aistriúcháin an Choimisiúin), mhínigh sé go raibh sé ag díriú ar riachtanais íosta an mhaolaithe a chur i bhfeidhm, sé sin go gcaithfí na rialacháin ón bpróiseas comhchinnteoireachta agus freagraí ar

---

22 "Cur i bhFeidhm Rialachán (CE) Uimh. 920/2005 ón gComhairle lena nDearnadh Teanga Oifigiúil agus Teanga Oibre de Chuid an Aontais Eorpaigh den Ghaeilge: Bunphrionsabail, Ábhair Imní, agus Ceisteanna / The Implementation of Council Regulation (EC) No 920/2005 which Made Irish an Official and a Working Language of the European Union: Basic Principles, Concerns, and Questions (Translation)." Tá bunleagan Gaeilge na tuarascála seo ar fáil mar Aguisín C, lgh. 83-94 thíos.

23 Bhí Proinsias Ó Maolchalain ó Stádas i láthair freisin.

litreacha ó shaoránaigh i nGaeilge a chur ar fáil i nGaeilge. Cé go raibh oibleagáid ann na rialacháin ábhartha a dhréachtú agus a fhoilsiú i nGaeilge, bhí comhairle dlí iarrtha aige maidir leis an gcéim i bpróiseas an dréachtaithe ag a gcaithfí na doiciméid chur ar fáil i nGaeilge.

Bhain cur chuige íostach an Ard-Stiúrthóra siar asam. Dá réir, bhí na hoibleagáidí íosta dlíthiúla le cur i bhfeidhm i gcás na Gaeilge, cé go raibh i bhfad níos mó á fhoilsiú sna teangacha oifigiúla reatha seachas an méid a bhí leagtha síos mar oibleagáid dhlíthiúil – ábhar na suíomhanna gréasáin, preasráitis, agus an iliomad foilseachán do shaoránaigh, mar shampla. Dhearbhaíos gurbh é ár dtuairim go gcaithfí Rialachán 1/1958 a chur i bhfeidhm i gcás na Gaeilge sa tslí chéanna ina raibh sé á chur i bhfeidhm i gcás na dteangacha oifigiúla eile, ach amháin i gcás na ngníomhartha faoin maolú, agus gur chiallaigh sé sin go gcuirfí an t-eolas ar fad a bhí á chur ar fáil don phobal sna teangacha oifigiúla eile ar fáil i nGaeilge, agus go raibh sé riachtanach chuige sin go mbeadh an tairseach Europa agus suíomhanna gréasáin na n-institiúidí ar fáil i nGaeilge. Mhíníos go raibh an maolú céanna maidir le gníomhartha a aistriú i bhfeidhm don Ghaeilge agus don Mháltais, agus go mbeifí ag súil leis an bhfreastal céanna cumarsáide le pobal na Gaeilge sna réimsí eile seachas reachtaíocht ón 1 Eanáir 2007 agus a bhí ar fáil ag pobal na Máltaise trí mheán na Máltaise ón 1 Bealtaine 2004 ar aghaidh. Dúirt an tArd-Stiúrthóir go ndéanfadh sé féin agus Aonad na Gaeilge a bhí curtha ar bun aige an seasamh a bhí curtha i láthair agam a mheas. Dúirt sé go gcuimseodh an tuairim dhlíthiúil a bhí á lorg aige ceist na tairsí Europa freisin, agus d'aibhsigh sé an athuair go mbeadh an bhéim á leagan san aistriúchán Gaeilge ar fhoilsiú na rialachán agus ar litreacha ó shaoránaigh a fhreagairt. Thugas cóip dó den tuarascáil a bhí réitithe agam don chuairt, agus den aighneacht a chuireas faoi bhráid an Fhóraim Náisiúnta um an Eoraip.[24]

---

24 *I dTreo Aitheantais don Ghaeilge mar Theanga Oifigiúil Oibre den Aontas*

An lá dar gcionn, an 26 Aibreán 2006, ag cruinniú d'Fheisirí Parlaiminte Éireannacha a bhí eagraithe thar mo cheann ag Seán Ó Neachtain FPE, rinne mé cur síos ar an dul chun cinn a bhí déanta maidir le haistriúchán agus le hateangaireacht. Mholas go gcuirfí amchlár i bhfeidhm in aon leasú ar na rialacha ábhartha i Rialacha Nós Imeachta na Parlaiminte chun a dheimhniú go gcuirfí freastal iomlán ateangaireachta ar fáil i nGaeilge, ateangaireacht ghníomhach san áireamh, chomh luath agus a b'fhéidir é. D'iarr mé orthu tacú le mo mholadh go gcuirfí tairseach an Aontais Eorpaigh agus suíomhanna gréasáin na n-institiúidí ar fáil i nGaeilge. Phléigh mé na hábhair chéanna le Buanionadaíocht na hÉireann ag cruinniú a bhí socraithe agam níos déanaí sa lá, agus chuireas mo thuarascáil ar an gcur i bhfeidhm faoina bráid.

Iarradh ar Julian Priestley, Ard-Rúnaí na Parlaiminte, tuarascáil a réiteach ar thionchar airgeadais thionscnamh na Gaeilge mar theanga oifigiúil agus oibre. Bhí impleachtaí tromchúiseacha do stádas na Gaeilge sa tuarascáil a chuir sé ar fáil ar an 29 Meitheamh 2006. I mo thuairim, bhí ábhar inti a bhí bréagach nó míthreorach, agus bhí ciorrú gan bhunús dlí i leith stádas na Gaeilge á mholadh inti. Thugas faoin mbagairt seo a fhreagairt ar bhonn cuimsitheach. Chuireas an bunleagan Gaeilge den tuarascáil a bhí réitithe agam ar chur i bhfeidhm Rialachán 920/2005 ón gComhairle[25] faoi bhráid na n-institiúidí Eorpacha go hoifigiúil trí phost leictreonach (ríomhphoist agus ceangaltáin) an 17 Iúil 2006. Ag an am céanna, chromas ar fhreagra a thabhairt ar thuarascáil Ard-Rúnaí na Parlaiminte, agus an 15 Lúnasa 2006 chuireas m'anailís chuig an Ard-Rúnaí féin, chuig an mBiúró, chuig Uachtaráin na Parlaiminte agus an Choimisiúin, chuig baill coistí ábhartha éagsúla sa Pharlaimint, chuig Feisirí Parlaiminte Éireannacha, agus chuig an Rialtas abhus.[26]

Eorpach / Towards the Recognition of Irish as an Official Working Language of the European Union (Translation) (Baile Átha Cliath: Clódhanna Teoranta, 2004).
25 Aguisín C, lgh. 83-94 thíos.
26 "Tionscnamh na Gaeilge mar Theanga Oifigiúil agus Oibre: Anailís ar

Fuair mé freagraí éagsula ó institiúidí Eorpacha de réir a chéile.[27] Ba ar an gcéad fhreagra a tháinig ó na hinstitiúidí maidir le mo thuarascáil ar chur i bhfeidhm Rialachán 920/2005 a bhunaigh mé an gearán chuig an Ombudsman. Freagra i mBéarla a bhí ann ar ríomhphost agus ceangaltán a bhí go hiomlán i nGaeilge. Tharla gur ón gComhairle a tháinig an chéad fhreagra sin. Mar a fheicfear i gCaibidil 3, níorbh í an Chomhairle an t-aon institiúid a bhí ag sárú an CFAE agus na Cairte um Chearta Bunúsacha trí fhreagraí i mBéarla a chur ar litreacha i nGaeilge. Ba í an Chomhairle, áfach, a d'ainmnigh an Ghaeilge mar theanga oifigiúil agus oibre i Rialachán 1/1958, rialachán a dhaingníonn cearta cumarsáide an duine aonair in aon cheann de na teangacha oifigiúla. Má bhí ag teip ar an gComhairle an ceart céanna cumarsáide i gConradh agus sa Chairt a fheidhmiú i leith na Gaeilge, ní raibh aon chinnteacht ann go bhfeidhmeodh an Chomhairle ná na hinstitiúidí eile de réir dlí i gcás an Rialacháin ón 1 Eanáir 2007 ar aghaidh.

Bhí cúis eile agam maidir leis an rogha a rinne mé, sé sin an gearán chuig an Ombudsman a bhunú ar litir leictreonach seachas ar litir sa phost, sé sin sa phost traidisiúnta i gclúdach faoi stampa. Cé gur cheart scríofa agus freagra sa teanga chéanna a fháil ar ais a bhí i gceist in Airteagal 21.3 den Chonradh CE,

---

thuarascáil ón Ard-Rúnaí Julian Priestley chuig Biúró Pharlaimint na hEorpa an 29 Meitheamh 2006 maidir le tionchar airgeadais thionscnamh na Gaeilge mar theanga oifigiúil agus oibre (PE 375.168/BUR/REV) / Adding Irish as an Official and Working Language: An analysis of a report from Secretary-General Julian Priestley to the Bureau of the European Parliament on 29 June 2006 concerning the financial impact of adding Irish as an official and working language (PE 375.168/BUR/REV) (Translation)."

27   Freagra cuimsitheach ó Catherine Day, Ard-Rúnaí an Choimisiúin ar an gcéad tuarascáil de mo chuid, agus litir phearsanta ó José Manuel Barroso mar fhreagra ar m'anailís ar thuarascáil Ard-Rúnaí na Parlaiminte, san áireamh. Ar ndóigh lean an próiseas maidir le tuarascáil an Ard-Rúnaí ar aghaidh: cuireadh fochoiste ar bun sa Pharlaimint chun an tuarascáil agus na líomhaintí ina leith a mheas; cuireadh réamhthuarascáil ón bhfochoiste sin faoi mo bhráid, agus glacadh le formhór na moltaí leasaithe a chuireas ar fáil, go díreach agus i bpáirt le Bairbre de Brún, FPE, don *Rapporteur*, Ingo Friedrich, FPE. Rinneadh leasuithe sásúla ar Rialacha Nós Imeachta na Parlaiminte dá réir.

agus nár luadh an focal "litir" ann, bhí éiginnteacht á cothú sna meáin maidir le cumarsáid leictreonach, agus gearáin phoiblí á ndéanamh sna meáin ag daoine a fuair freagraí i mBéarla ar ríomhphoist i nGaeilge. I bhfreagra ar cheist chuig an gCoimisiún ón bhFeisire Eorpach Seán Ó Neachtain sa bhliain 2003,[28] dhearbhaigh Romano Prodi go raibh ceart Conartha ag saoránach scríobh chuig institiúidí an Aontais i nGaeilge agus freagra a fháil ar ais sa teanga chéanna. Luaigh sé nach raibh an Ghaeilge ina teanga oifigiúil agus oibre faoi Rialachán 1/1958, áfach, agus lean sé den fhreagra ag rá go raibh an prionsabal ginearálta go n-úsáidfí teangacha oifigiúla uile an Aontais leathnaithe chuig foilsiú leictreonach ó seoladh an tairseach Europa sa bhliain 1995.[29] Baineadh an tuiscint as an bhfreagra go raibh litreacha poist inghlactha, ach nach bhfreagrófaí ríomhphoist i nGaeilge i gcomhréir leis an gConradh.[30] Cé go mba mhíléamh é seo ar fhreagra Prodi, nár thagair beag ná mór do ghnáth-ríomhphoist, ba ghá dúshlán an idirdhealaithe dhealramhaigh seo a thabhairt, agus níor mhiste é sin a dhéanamh go dlíthiúil tríd an gcóras éifeachtach a bhí bunaithe ag an Aontas Eorpach féin, sé sin trí ghearán foirmiúil a chur faoi bhráid an Ombudsman Eorpaigh, rud a rinne mé an 1 Lúnasa 2006.

---

28 Ceist P-0909/2003.
29 OJ C 280 E, 21/11/2003 (lch. 112).
30 "Freagraí ar fáil i nGaeilge ón AE 'má scríobhtar litir'," *Foinse*, 9 Bealtaine 2004.

2

AN GEARÁN

~

An próiseas

Tá cumhacht ag an Ombudsman Eorpach gearán a ghlacadh ó aon saoránach den Aontas maidir le cásanna drochriaracháin i ngníomhaíochtaí chomhlachtaí an Aontais – institiúidí, comhlachtaí comhairleacha, oifigí, agus gníomhaireachtaí – seachas an Chúirt Bhreithiúnais agus an Chúirt Chéadchéime ina ról breithiúnach.[1] Cuireann an tOmbudsman fiosrúchán ar bun ar bhonn gearán a mheastar a bheith inghlactha; cuirtear an cás faoi bhráid an chomhlachta i dtrácht, agus tugtar trí mhí dó chun a thuairim a thabhairt. Is iondúil go gcuirtear an tuairim sin faoi

---

1 I gcomhréir le hAirteagal 195 den Chonradh ag bunú an Chomhphobail Eorpaigh (Conradh CE) agus le hAirteagal 228 den Chonradh ar Fheidhmiú an Aontais Eorpaigh (CFAE). Dála an scéil, tá deacracht comhghaoil ann idir an leagan Gaeilge d'Airteagal 228 den CFAE agus leaganacha sna teangacha eile. Forálann Airteagal 13(1) den Chonradh ar an Aontas Eorpach (Conradh AE) gurb iad Parlaimint na hEorpa, an Chomhairle Eorpach, an Chomhairle, an Coimisiún Eorpach, Cúirt Bhreithiúnais an Aontais Eorpaigh, an Banc Ceannais Eorpach, agus an Chúirt Iniúchóirí institiúidí an AE. Leantar d'úsáid shonrach sin an fhocail "institiúid" in Airteagal 228 den CFAE sna teangacha oifigiúla eile. Sa leagan Gaeilge, áfach, tá an chosúlacht ar an scéal gur cóipeáladh an dara paragraf d'Airteagal 195(1) den Chonradh CE agus gur cuireadh isteach le "gearr is greamaigh" é mar an dara paragraf d'Airteagal 228(1) den CFAE, gan an fhoclaíocht nua atá sa CFAE sna teangacha eile a chur san áireamh – comhlachtaí, oifigí, agus gníomhaireachtaí a bheith i gceist chomh maith le hinstitiúidí. Ar ndóigh cruthaíonn an easpa comhchordachta seo deacracht don fhicsean dlíthiúil nach bhfuil aistriúchán i gceist ach gur tarraingíodh an Conradh suas i scríbhinn bhunaidh amháin sna teangacha oifigiúla ar fad, an Ghaeilge san áireamh.

bhráid an ghearánaigh, agus tugtar deis di nó dó barúlacha ina leith a chur ar fáil. Cuireann an tOmbudsman a chinneadh ar an gcás faoi bhráid an chomhlachta agus faoi bhráid an ghearánaigh. Foilsítear an cinneadh ar shuíomh gréasáin an Ombudsman, agus tuairiscítear ina leith do Pharlaimint na hEorpa.

An gearán

Sheolas an gearán go leictreonach an 1 Lúnasa 2006, agus chuireas litir chumhdaigh agus cóip chrua den ghearán agus de na ceangaltáin a ghabh leis chuig an Ombudsman tríd an bpost cláraithe ar an lá céanna. Seo a leanas an fhoirm ghearáin chomhlánaithe (le bunábhar na foirme sa chló iodálach):[2]

~

An tOmbudsman Eorpach

GEARÁN FAOI DHROCHRIARACHÁN

1.   *Céadainm:*   Pádraig
         Sloinne: Ó Laighin
         Thar ceann: Dr Pádraig Ó Laighin;
                            an t-eagras STÁDAS
         (Seoladh agus faisnéis teagmhála)

2.   *Cén institiúid nó comhlacht de chuid an Aontais ar mhian leat gearán a dhéanamh faoi?*

     Comhairle an Aontais Eorpaigh

---

2   Ar mhaithe le caighdeáin foilsithe, cheartaíos gramadach agus comhréir na foirme bunaidh sna cásanna seo a leanas amháin (an leagan mar a bhí sé san fhoirm bhunaidh tugtha idir lúibíní): Ceist 3, *a fuair (a bhfuair)*; an míniú roimh Cheist 8, *a iarraidh (a iarradh)*, *i dtaobh gearáin (i dtaobh ghearáin)*, *a thabharfadh le fios aithne an ghearánaigh (a thabhfadh le fios aithne an ghearánach)*, agus *Rialachán (CE) Uimh. 45/2001 ó Pharlaimint na hEorpa agus ón gComhairle (Rialachán Uimh. 45/2001 ón gComhphobal Eorpach de chuid Pharlaimint na hEorpa nó na Comhairle)*.

3. *Cad é an cinneadh nó an t-ábhar a bhfuil tú ag gearán faoi? Cathain a fuair tú amach faoi? Cuir isteach iarscríbhinní más gá.*

Scríobh mé i nGaeilge chuig Comhairle an Aontais Eorpaigh an 17 Iúil 2006.

Fuair mé freagra scríofa a bhí go hiomlán i mBéarla ón gComhairle an 28 Iúil 2006.

Is sárú é seo ar mo chearta faoi Airteagal 21 den Chonradh ag bunú an Chomhphobail Eorpaigh.

Éilím sásamh láithreach.

Iarscríbhinní:

3.1 Litir chuig Comhairle an Aontais Eorpaigh re Cur i bhFeidhm Rialachán (CE) Uimh 920 2005 ón gComhairle.pdf

3.2 Ó Laighin Cur i bhFeidhm 920 2005 G.pdf (Iarscríbhinn a bhí ceangailte leis an litir chuig an gComhairle faoi 3.1 thuas).

3.3 Freagra Chomhairle an Aontais Eorpaigh re Cur i bhFeidhm Rialachán (CE) Uimh 920 2005 ón gComhairle.pdf

4. *Cén toradh a theastaíonn uait a bhaint amach le do ghearán? Cé na héilimh atá agat?*

Éilím freagra i nGaeilge ar mo litir i nGaeilge i gcomhréir le hAirteagal 21 den Chonradh ag bunú an Chomhphobail Eorpaigh. Éilím freisin go ngabhfadh Comhairle an Aontais Eorpaigh a leithscéal liom féin agus le STÁDAS as an sárú seo ar ár gcearta faoin gConradh.

5. *An bhfuil teagmháil déanta agat cheana féin le hinstitiúid no le comhlacht an Aontais atá i gceist d'fhonn cúiteamh a fháil?*

(Má tá, tabhair sonraí le do thoil).

Níl teagmháil déanta d'fhonn cúiteamh a fháil.

6. *Sa chás go mbaineann an gearán le caidrimh oibre le hinstitiúid nó le comhlachtaí an Aontais: an bhfuil gach féidearthacht maidir le hiarratais agus gearáin riaracháin inmheánacha a bhfuil riartha dóibh sna rialacháin Foirne úsáidte agat? Má bhíonn, an bhfuil na teorannacha ama le haghaidh freagraí ó na hinstitiúidí dulta in éag? (Má tá, tabhair sonraí le do thoil).*

7. *Ar socraíodh ábhar do ghearáin cheana féin i gcúirt nó an bhfuil sé le dul os comhair cúirte?*

Níor socraíodh, agus níl cinneadh déanta ag an bpointe seo go rachaidh sé os comhair cúirte.

Déileáiltear go poiblí de ghnáth le gearáin chuig an Ombudsman Eorpach (agus le cáipéis ar bith eile a ghabhann le gearáin).

Ciallaíonn "déileáil go poiblí" le gearán go bhféadfadh rochtain a bheith ag comhalta ar bith den phobal ar an ngearán agus leis na cáipéisí a ghabhann leis. Má thosaíonn an tOmbudsman fiosrúchán, is cáipéisí poiblí tuairim na hinstitiúide nó an chomhlachta lena mbaineann an gearán, aon bhreithnithe a dhéanann an gearánaí faoin tuairim, mar aon le cáipéis ar bith eile arna lua in Alt 13 de na Forálacha Feidhmithe (ar fáil ar Láithreán Líonra an Ombudsman) agus beidh rochtain ag comhalta den phobal orthu sin arna n-iarraidh. Foilsítear cinntí an Ombudsman ar a shuíomh gréasáin, ach fágtar ainm an ghearánaí ar lár.

Tá sé de cheart ag gearánaí a iarraidh go ndéileálfaí lena ghearán nó lena gearán faoi rún. Má iarrtar rúndacht, ní bhíonn rochtain phoiblí ar an ngearán ná ar na cáipéisí eile a luaitear thuas. Ní mór, áfach, gearán faoi rún fiú a sheoladh chuig an institiúid nó chuig comhlacht an Aontais lena mbaineann an gearán, má chuireann an tOmbudsman tús le fiosrúchán. Foilsítear cinntí an Ombudsman i dtaobh gearáin faoi rún sa Tuarascáil Bhliantúil agus ar an Láithreán Líonra ach baintear aon eolas a thabharfadh le fios aithne an ghearánaigh.

D'fhéadfadh sonraí pearsanta a bhaineann leis an ngearánaí nó le tríú páirtí a bheith i ngearáin chun an Ombudsman. Rialaíonn Rialachán Uimh. 45/2001 ón gComhphobal Eorpach sonraí pearsanta arna bpróiseáil ag an Ombudsman Eorpach.[1] *Mura n-iarrann an gearánaí rúndacht, glactar leis go dtoilíonn sé nó sí chun críche Alt 5(d) de Rialachán Uimh. 45/2001(1) ón gComhphobal Eorpach go ndéileálfaidh an tOmbudsman go poiblí le haon sonraí pearsanta a d'fhéadfadh a bheith sa ghearán.*

(1) *Rialachán (CE) Uimh. 45/2001 ó Pharlaimint na hEorpa agus ón gComhairle an 18 Nollaig 2000 i leith daoine aonair a chosaint maidir le sonraí pearsanta a phróiseáil ag institiúidí nó ag comhlachtaí an Chomhphobail agus le saorghluaiseacht sonraí den chineál sin.* Iris Oifigiúil L 8/1, 12/01/2001.

8.   *Roghnaigh ceann amháin de na roghanna seo a leanas le do thoil: Déileáil le mo ghearán go poiblí le do thoil/Iarraim go ndéileálfaí le mo ghearán faoi rún.*

Déileáil le mo ghearán go poiblí le do thoil.

9.   *An gcomhaontaíonn tú gur féidir do ghearán a chur ar aghaidh chuig údarás eile (údarás Eorpach nó náisiúnta) má chinneann an tOmbudsman Eorpach nach bhfuil sé i dteideal déileáil leis?*

Comhaontaím.

∾

Na hiarscríbhinní

Tá iarscríbhinn 3.1 – mo ríomhphost chuig an gComhairle – ar fáil in Aguisín A thíos.[3] Tugtar téacs na litreach freisin i gCaibidil 3 thíos mar chuid den ghréasán fíoras sa tuairim a chuir an Chomhairle ar fáil ar iarraidh an Ombudsman. Le fáil freisin mar chuid den doiciméad céanna tá iarscríbhinn 3.3, an freagra i mBéarla a bhí curtha chugam ag an gComhairle, a dtugtar cóip iomlán de in Agúisín B thíos.[4] Cé go raibh an tuarascáil a bhí mar iarscríbhinn 3.2 an-tábhachtach mar chomhthéacs idé-eolaíoch don ghearán agus mar mheicníocht athraithe inti féin, ní ar a substaint ná ar theip na Comhairle ag an bpointe sin dul i ngleic léi a bhí aird an ghearáin dírithe. Tá an tuarascáil mar a seoladh í i dtosach báire chun na Comhairle, agus mar iarscríbhinn leis an ngearán, ar fáil in Aguisín C thíos.[5]

Tús an iniúchta

Cuireadh in iúl dom gan mhoill go bhfuarthas an gearán, agus go gcuirfí ar an eolas mé maidir lena inghlacthacht a luaithe agus ab fhéidir. Is i nGaeilge, ar ndóigh, a bhí an admháil sin – i nGaeilge amháin a bhí an comhfhreagras ó thús go deireadh leis an Ombudsman, ar an dá thaobh. Fuair mé litir ón Ombudsman an 13 Meán Fómhair 2006 inar thug sé le fios dom go raibh tús curtha aige le fiosrúchán.[6] An lá céanna, chuir sé in iúl d'Ard-Rúnaí na Comhairle, i gcomhréir le hAirteagail 2(2) agus 2(3) de Reacht an Ombudsman Eorpaigh, go raibh an gearán á imscrúdú aige. Sheol sé chuige cóip den litir chumhdaigh uaim, den fhoirm ghearáin chomhlánaithe, agus de na trí iarscríbhinn ina n-iomláine – eadhon, mo ríomhphost bunaidh chuig an gComhairle, cóip den

---

3   Lch. 77.
4   Lch. 81.
5   "Cur i bhFeidhm Rialachán (CE) Uimh. 920/2005 ón gComhairle lena nDearnadh Teanga Oifigiúil agus Teanga Oibre de chuid an Aontais Eorpaigh den Ghaeilge: Bunphrionsabail, Abhair Imní, agus Ceisteanna." Lch. 83.
6   Aguisín D, lch. 95 thíos.

tuarascáil a bhí curtha agam chuici mar cheangaltán, agus cóip den ríomhphost i mBéarla a chuir an Chomhairle chugam mar fhreagra. D'iarr sé ar an gComhairle tuairim a chur faoina bhráid roimh an 30 Samhain 2006.

Nuair a d'fhógraíos ag cruinniú de Stádas go raibh gearán curtha agam faoi bhráid an Ombudsman Eorpaigh – thar mo cheann féin agus thar ceann an eagrais Stádas – maidir le freagra i mBéarla a bheith faighte agam ar litir a scríobh mé i nGaeilge mar Chathaoirleach ar Stádas chuig Comhairle an Aontais Eorpaigh, luaigh ball amháin éiginnteacht i leith an chinnidh. Á chur sin san áireamh, níor thagair mé do Stádas sna barúlacha ar thuairim na Comhairle a chuir mé ar fáil don Ombudsman níos déanaí sa phróiseas.[7]

---

7 Caibidil 4, lch. 33 thíos. Is cóir a rá gur fháiltigh baill uile Stádas, an duine a luaigh éiginnteacht níos túisce san áireamh, d'aon toil roimh chinneadh an Ombudsman ag deireadh an phróisis.

3

LITIR AN OMBUDSMAN EORPAIGH AGUS TUAIRIM NA COMHAIRLE

~

An 19 Deireadh Fómhair 2006, sheol Javier Solana, Ard-Rúnaí agus Ardionadaí Chomhairle an Aontais Eorpaigh, cóipeanna den chomhad maidir leis an ngearán – an tuarascáil ar chur i bhfeidhm Rialachán 920/2005 san áireamh – chuig Buanionadaíochtaí na mBallstát ar fad.[1] Iarradh ar an Meitheal Oibre um Fhaisnéis an gearán a scrúdú, agus ar an 10 Samhain 2006 leag siad dréachtfhreagra faoi bhráid na mBuanionadaithe.[2] Ag cruinniú de Chomhairle an Aontais Eorpaigh sa Bhruiséil, an 20-21 Samhain 2006, cheadaigh Airí na mBallstát, Aire Talmhaíochta agus Bia na hÉireann Máire Ní Chochláin ina measc, an tuairim faoin ngearán a cuireadh faoina mbráid faoin mír den chlár oibre a bhain le rochtain phoiblí ar fhaisnéis.[3] Sa chaibidil seo tá cóip de litir agus de thuairim na Comhairle a sheol an tOmbudsman Eorpach chugam an 5 Nollaig 2006.

~

---

1 Comhairle, 14002/06, ar fáil ag http://register.consilium.europa.eu/pdf/en/06/st14/st14002.cn06.pdf
2 Comhairle, 14004/06, ar fáil ag http://register.consilium.europa.eu/pdf/en/06/st14/st14004.en06.pdf
3 Féach Comhairle, PRES/06/310, ar fáil ag http://europa.eu/rapid/press-release_PRES-06-310_fr.htm?locale=FR *nó* ag http://europa.eu/rapid/press-release_PRES-06-310_en.doc

AN tOMBUDSMAN EORPACH

043279

P. NIKIFOROS DIAMANDOUROS

Dr Pádraig Ó Laighin

. . . .

IRLANDE

Strasbourg,   0 5 -12- 2006

Gearán 2580/2006/TN

A Dhochtúir Uí Laighin, a chara,

Tá an tuairim a fuair mé ó Chomhairle an Aontais Eorpaigh maidir le do ghearán dar dáta 1 Lúnasa 2006 faoi iamh.

Más mian leat barúlacha a dhéanamh maidir leis an tuairim seo, déan cinnte agus iad a sheoladh chugam roimh 31 Eanáir 2007.

Tabhair faoi deara le do thoil sa chás nach bhfaighim aon bharúil uait, go bhféadfainn an cás a dhúnadh le cinneadh bunaithe ar an bhfaisnéis a sholáthair tú cheana agus ar an tuairim a fuair mé ón gComhairle.

Is mise le meas,

P. Nikiforos DIAMANDOUROS

Iatán: 1

An Bhruiséil, 21 Samhain 2006

Nikiforos Diamandouros Uas.
An tOmbudsman Eorpach
1, avenue du Président Robert Schuman
B.P. 403
F - 67001 Strasbourg Cedex

Ábhar: **Gearán a rinne an Dr Pádraig Breandán Ó LAIGHIN (2580/2006/TN) - do litir dar dáta an 13 Meán Fómhair 2006**

A Chara,

Go raibh maith agat as do litir thuasluaite maidir le gearán ón Dr Ó LAIGHIN ina n-iarrann tú ar an gComhairle tuairim a thíolacadh maidir leis an ábhar anseo thuas.

Gréasán na bhfíoras

1.   Ar an 17 Iúil 2006 chuir an gearánaí ríomhphost chuig Aonad na Faisnéise Poiblí sa Chomhairle arb é seo a leanas a théacs:

"A Uachtaráin, a chara:

Ba mhaith liom freagra a fháil chomh luath agus is féidir ar na ceisteanna seo a leanas. Tá cúlra agus comhthéacs na gceisteanna le fáil sa cheangaltán a ghabhann leis an ríomhphost seo.

Ceisteanna

1.1   Cad é an staid ina bhfuil cur chun feidhme na Gaeilge mar theanga oifigiúil agus oibre den Aontas Eorpach faoi láthair, vis-à-vis na teangacha oifigiúla go ginearálta, agus vis-à-vis na teangacha a sonraíodh mar theangacha oifigiúla an 1 Bealtaine 2004?

1.2   Cad iad na pleananna atá déanta ag Ard-Stiúrthóireacht an Aistriúcháin chun na riachtanais aistriúcháin a bhaineann le stádas oifigiúil na Gaeilge a shásamh, agus cén dul chun cinn atá déanta i gcur i bhfeidhm na bpleananna sin?

1.3   Cad iad na pleananna atá déanta maidir le tabhairt isteach leagain Ghaeilge den suíomh Gréasáin tairsí EUROPA, agus cén dul chun cinn atá déanta i gcur i bhfeidhm pleananna chun go mbeadh an suíomh Gréasáin ar fáil i nGaeilge ar dháta nach déanaí ná an 1 Eanáir 2007?

1.4   Cad é staid reatha na pleanála maidir le foilsiú leagain Ghaeilge d'*Iris Oifigiúil an Aontais Eorpaigh* ón 1 Eanáir 2007 amach?

1.5   Cad iad na pleananna atá déanta ag Ard-Stiúrthóireacht na hAteangaireachta chun na riachtanais ateangaireachta a bhaineann le stádas oifigiúil na Gaeilge a shásamh agus cén dul chun cinn atá déanta i gcur i bhfeidhm na bpleananna sin?

1.6   Go sonrach, cad é staid reatha phleanáil Ard-Stiúrthóireacht na hAteangaireachta d'ateangaireacht chomhuaineach go Gaeilge agus ó Ghaeilge ar imeachtaí Pharlaimint na hEorpa i gcomhréir leis na Rialacha Nós Imeachta? Glactar leis go n-úsáidfear próiseas na hateangaireachta dírí agus *relais* sa dá threo, agus bheifí ag súil go ndéanfaí ateangairí a fhostú le súil is go bhfeidhmeodh siad ar bhonn *retour*.

1.7   An féidir le hArd-Stiúrthóireacht na hAteangaireachta a mhíniú cén fáth nach bhfuil comórtais Ghaeilge d'ateangairí, do shaor-ateangairí nó d'ateangairí ar conradh don Pharlaimint fógraithe faoin am seo?

1.8 An féidir le hArd-Stiúrthóireacht an Aistriúcháin, le hArd-Stiúrthóireacht na Cumarsáide, leis an gCoimisiún Eorpach, agus le Parlaimint na hEorpa a mhíniú cén fáth gur fhoilsigh siad ráitis atá bréagach, míchruinn, míthreorach, agus dochrach maidir le stádas na Gaeilge mar theanga oifigiúil den Aontas Eorpach, mar atá sonraithe i míreanna 2.1, 2.2, 2.3, 2.4, agus 2.5 den doiciméad a ghabhann leis seo mar cheangaltán?

1.9 Cén ghníomhaireacht de chuid an Aontais Eorpaigh atá freagrach as monatóireacht a dhéanamh ar thionscnamh na Gaeilge mar theanga oifigiúil agus oibre den Aontas Eorpach? Laistigh d'Ard-Stiúrthóireachtaí an Aistriúcháin, na hAteangaireachta, agus na Cumarsáide, agus na haonaid a bhfuil baint acu leis na hArd-Stiúrthóireachtaí seo i ngach ceann de na hinstitiúidí, cé atá freagrach as monatóireacht a dhéanamh ar an gcur i bhfeidhm?"

2. Bhí ag gabháil le ríomhphost an ghearánaí mar cheangaltán doiciméad a dhréachtaigh sé dar teideal "Cur i bhfeidhm Rialachán (CE) Uimh. 920/2005 ón gComhairle lena ndearnadh teanga oifigiúil agus teanga oibre de chuid an Aontais Eorpaigh den Ghaeilge: Bunphrionsabail, ábhair imní, agus ceisteanna".

3. Is sa Ghaeilge a seoladh ríomhphost an ghearánaí agus an ceangaltán a bhí ag gabháil leis.

4. An 28 Iúil 2006, is é sin aon lá dhéag níos déanaí, d'fhreagair Aonad na Faisnéise Poiblí sa Chomhairle leis an ríomhphost seo a leanas:

"Dear Mr O Laighin,

We acknowledge receipt of your e-mail of 17 July 2006, and apologise for the delay. Information on the status of the Irish language can be found on the Europa website, at http://ec.europa.eu/dgs/translation/spotlight/irish_en.htm.

Your questions should be put to the European Commission, which is the body responsible for the implementation of the act granting the status of official working language of the European Union. Please take note of the Directorate-General for Translation, http://ec.europa.eu/dgs/translation/index_en.htm and for Interpretation, http://ec.europa.eu/comm/scic/

Sincerely,

..."

5. Is sa Bhéarla a seoladh an ríomhphost sin. Gabhann an Chomhairle a leithscéal leis an ngearánaí as an míchaoithiúlacht. Is é seo a leanas an t-aistriúchán go Gaeilge:

"Admhaímid leis seo go bhfuaireamar an ríomhphost a sheol tú chugainn an 17 Iúil 2006, agus is oth linn go raibh moill orainn ag cur freagra air. Gheobhaidh tú faisnéis maidir le stádas na Gaeilge ar láithreán gréasáin Europa ag http://ec.europa.eu/dgs/translation/spotlight/irish_en.htm

Ba cheart duit na ceisteanna atá ort a chur chuig an gCoimisiún Eorpach, ós é an comhlacht seo atá freagrach as feidhmiú an ghnímh lena mbronntar stádas teanga oifigiula oibre de chuid an Aontais Eorpaigh ar an nGaeilge. Seo a leanas seoladh Ard-Stiúrthóireacht an Aistriúcháin, http://ec.europa.eu/dgs/translation/index_en.htm agus seoladh Ard-Stiúrthóireacht na hAteangaireachta, http://ec.europe.eu/comm/scic/."

6. Mar a admhaíonn sé féin, ní dheachaigh an gearánaí i dteagmháil leis an gComhairle sular chuir sé an gearán chuig an Ombudsman.

Maidir le raon feidhme an ghearáin

7. Tá an gearán teoranta don teanga ina ndearnadh ríomphost an 28 Iúil ón gComhairle a dhréachtú. Ní bhaineann sé le substaint an ríomhphoist sin.

Maidir le mainneachtain an ghearánaí dul i dteagmháil leis an gComhairle chun sásamh a fháil

8. Foráiltear mar a leanas in Airteagal 2(4) den Chinneadh ó Pharlaimint na hEorpa an 9 Márta 1994 maidir leis na rialacháin agus na coinníollacha ginearálta d'fheidhmiú fheidhmeanna an Ombudsman:[1]

   "déanfar an gearán laistigh de dhá bhliain ón dáta a thug an duine a thaisceann an gearán faoi deara na fíorais ar a bhfuil sé bunaithe agus <u>caithfear na bearta riaracháin iomchuí</u> a dhíriú roimh ré chuig na hinstitiúidí agus na comhlachtaí lena mbaineann."[2]

9. Is follasach gur mhainnigh an gearánaí triall faoi bhráid na Comhairle chun go ndéanfadh an institiúid sin an earráid a cheartú agus/nó a leithscéal a ghabháil. Is í aidhm na rialach in Airteagal 2(4) gan ualach nach bhfuil gá leis a chur ar an Ombudsman agus ar an institiúid lena mbaineann i gcás nósanna imeachta gearáin a d'fhéadfaí a réiteach go cairdiúil.

10. Cé nár leanadh an nós imeachta atá tuairiscithe i mír 9 thuas agus go bhfuil móramhras ann dá bhrí sin maidir le hinghlacthacht an ghearáin, áiritheoidh an Comhairle go

---

1 (IO L 113, 4.5.1994, lch. 15). Níl leagan Gaeilge den Chinneadh seo ann ach soláthraíodh aistriúchán den sliocht chun críocha na litreach seo.
2 Is linne an treise.

dtabharfar freagra as Gaeilge ar iarratai faisnéise todhchaí sa teanga sin.

Is mise le meas,
Síniú: Pierre de Boissieu

4

Barúlacha Phádraig Uí Laighin maidir le Tuairim na Comhairle

~

Ina litir chugam den 5 Nollaig 2006,[1] thug an tOmbudsman cuireadh dom mo bharúlacha maidir le tuairim na Comhairle a chur faoina bhráid, dá mba mhian liom. Thapaigh mé an deis é sin a dhéanamh de bhrí gur theastaigh uaim aird a dhíriú ar an gceart Conartha teanga a bhí i gceist ar shlí a d'áiritheodh nach mbeadh sé á shárú ag an gComhairle ná ag aon institiúid ná comhlacht eile de chuid an Aontais as sin amach. Ba ghá dom a mhíniú nach gníomh aonarach a tharla de thimpiste nó de dheasca neamhairde pearsanta a bhí i gceist de réir mo thaithíse, ach gníomh a bhí ina shampla de ghnáthchleachtas do-ghlactha agus mídhleathach institiúidí éagsúla. Chaithfinn freisin dul i ngleic leis an tuairim go gcuirfí gach rud ina cheart dá scríobhfainn ar ais chuig an gComhairle ag an am ag lorg sásaimh, agus nach mbeadh aon údar agam dá bharr chun dul ar iontaoibh an Ombudsman. Mar a tharla, ní raibh deimhnithe agam ar chor ar bith nár iarr mé sásamh ar an gComhairle. Bhí sonraithe agam ar an bhfoirm gearáin nach raibh teagmháil déanta agam leis an institiúid d'fhonn *cúiteamh* a fháil.

Mar a leanas na barúlacha a chuir mé faoi bhráid an Ombudsman an 24 Eanáir 2007.

~

---

1   Lch. 26 thuas.

Baile Átha Cliath
24 Eanáir 2007

P. Nikiforos Diamandouros
An tOmbudsman Eorpach
1, avenue du Président Robert Schuman
B.P. 403
F-67001 STRASBOURG Cedex

Ábhar: Gearán 2580/2006/TN; do litir dar dáta an 5 Nollaig
2006

A Ombudsman, a chara:

Gabhaim buíochas leat as do litir thuasluaite ina dtugann tú cuireadh dom mo bharúlacha a thabhairt maidir leis an tuairim a fuair tú ó Chomhairle an Aontais Eorpaigh.

1   Réamhrá

1.1   Forálann an t-alt ábhartha d'Airteagal 21 sa Chonradh ag bunú an Chomhphobail Eorpaigh mar a leanas:

Féadfaidh gach saoránach den Aontas scríobh chuig aon cheann de na hinstitiúidí nó comhlachtaí dá dtagraítear san Airteagal seo nó in Airteagal 7 i gceann de na teangacha atá luaite in Airteagal 314 agus freagra a fháil uaidh sa teanga chéanna.

1.2   Tagraítear don Chomhairle in Airteagal 7.

1.3   Tá an Ghaeilge i measc na dteangacha atá luaite in Airteagal 314.

2   Fotheideal Thuairim na Comhairle: *Gréasán na bhfíoras*

AILT 1-4 DE THUAIRIM NA COMHAIRLE

Ar an 17 Iúil 2007... Sincerely, ...

34

Freagra ar ailt 1-4 de thuairim na Comhairle

2.1 Aontaím go bhfuil an cur síos sna hailt sin cruinn.

Alt 5 de thuairim na Comhairle

Is sa Bhéarla a seoladh an ríomhphost sin. Gabhann an Chomhairle a leithscéal leis an ngearánaí as an míchaoithiúlacht. Is é seo a leanas an t-aistriúchán go Gaeilge:

"Admhaímid leis seo go bhfuaireamar an ríomhphost a sheol tú chugainn an 17 Iúil 2006, agus is oth linn go raibh moill orainn ag cur freagra air.

Gheobhaidh tú faisnéis maidir le stádas na Gaeilge ar láithreán gréasáin Europa ag http://ec.euruopa.eu/dgs/ translation/spotlight/irish_en.htm.

Ba cheart duit na ceisteanna atá ort a chur chuig an gCoimisiún Eorpach, ós é an comhlacht seo atá freagrach as feidhmiú an ghnímh lena mbronntar stádas teanga oifigiúla oibre de chuid an Aontais Eorpaigh ar an nGaeilge. Seo a leanas seoladh Ard-Stiúrthóireacht an Aistriúcháin, http:// ec.europa.eu/dgs/translation/index_en.htm agus seoladh Ard-Stiúrthóireacht na hAteangaireachta, http://ec.europa. eu/comm/scic/."

Freagra ar alt 5 de thuairim na Comhairle

2.2 Gabhann an Chomhairle a leithscéal liom as an míchaoithiúlacht. Glacaim leis an leithscéal sin. D'iarr mé go ngabhfaí leithscéal liom as sárú mo chearta faoi Airteagal 21 den Chonradh ag bunú an Chomhphobail Eorpaigh. Ní dhearnadh sin.

2.3 Gabhaim buíochas leis an gComhairle as an bhfreagra i nGaeilge ar mo litir i nGaeilge, i gcomhréir le hAirteagal 21 den Chonradh.

Alt 6 de thuairim na Comhairle

Mar a admhaíonn sé féin, ní dheachaigh an gearánaí i dteagmháil leis an gComhairle sular chuir sé an gearán chuig an Ombudsman.

Freagra ar alt 6 de thuairim na Comhairle

2.4 Níl an ráiteas sin fíor. Níor admhaigh mé in aon áit nach ndeachaigh mé i dteagmháil leis an gComhairle sular chuir mé an gearán chuig an Ombudsman.

2.5 Tá an cheist seo a leanas ar an bfhoirm "Gearán faoi Dhrochriarachán":

5. An bhfuil teagmháil déanta agat cheana féin le hinstitiúid nó le comhlacht an Aontais atá i gceist d'fhonn cúiteamh a fháil?

Mar fhreagra ar an gceist sin scríobh mé an méid seo:

"Níl teagmháil déanta d'fhonn cúiteamh a fháil."

2.6 B'fhéidir go bhfuil deacracht aistriúcháin i gceist anseo maidir leis an leagan Gaeilge den fhoirm. Ciallaíonn an focal "cúiteamh" *"réparation"* i bhFraincis, agus *"compensation"* i mBéarla.[1] Ní dhearna mé aon teagmháil leis an gComhairle d'fhonn cúiteamh a fháil.

2.7 Tagraíonn fotheideal roimh ailt 8-10 den tuairim do *"mainneachtain an ghearánaí dul i dteagmháil leis an gComhairle chun sásamh a fháil".* Ní hionann "sásamh" agus "cúiteamh". Ciallaíonn "sásamh" *"recours"* i bhFraincis, agus *"redress"* i mBéarla.[2] Ciallaíonn "éileamh ar shásamh" *"action recursoire"* i bhFraincis, agus *"claim for redress"* i mBéarla.[3]

1 Is féidir é seo a dheimhniú ar Bhunachar Téarmaí Ilteangach an Aontais Eorpaigh (IATE).
2 Is féidir é seo a dheimhniú ar IATE.
3 Is féidir é seo a dheimhniú ar IATE.

2.8 Is dóigh liom go bhfuil míthuiscint ar an gComhairle faoi bhrí na ceiste a d'fhreagair mé, agus faoi bhrí an fhreagra a thug mé. Más "sásamh" seachas "cúiteamh" a bhí ar intinn ag an Ombudsman, bheadh an cheist seo a leanas ar an bhfoirm mar cheist 5: "An bhfuil teagmháil déanta agat cheana féin le hinstitiúid nó le comhlacht an Aontais atá i gceist d'fhonn sásamh a fháil?"

2.9 Seo a leanas mo fhreagra ar an gceist athscríofa:

> Ní dhearna mé teagmháil leis an gComhairle tar éis dom an litir i mBéarla a fháil uaithi d'fhonn sásamh a fháil. Mhainnigh an Chomhairle i gcur i bhfeidhm na forála in Airteagal 21 den Chonradh ag bunú an Chomhphobail Eorpaigh a fhorálann go bhfuil duine a scríobhann chuici i nGaeilge i dteideal freagra a fháil sa teanga chéanna. Aighním go raibh bearta i bhfeidhm maidir le Gaeilge nach raibh i gcomhréir leis an gConradh sin. Bhí mo dhícheall déanta agam féin mar shaoránach chun deireadh a chur leis na bearta sin. Nuair a tháinig an litir chugam gur ábhar í don ghearán seo, ba é mo thuairim mheáite go raibh an nós imeachta (sa chiall dhlíthiúil) chun sásamh a fháil ídithe, agus nach raibh de rogha agam ach dul ar iontaoibh an Ombudsman.

> An t-am a bhfuair mé an litir ón gComhairle, bhí a fhios agam ó mo thaithí phearsanta féin, trí fhreagraí a fháil i mBéarla ar litreacha i nGaeilge chuig institiúidí an Aontais, nach gníomh aonarach nó uathúil a bhí i gceist sa litir chugam ón gComhairle an 28 Iúil 2006, ach gníomh a bhí i gcomhréir le bearta nó cleachtais a bhí i bhfeidhm i dtaca le freagraí a chur ar ábhar a bhí scríofa i nGaeilge. Aighním gur shárú nó neamhchomhlíonadh forála den Chonradh ag bunú

an Chomhphobail Eorpaigh a bhí sna bearta nó sna cleachtais sin a bhí i bhfeidhm, agus go raibh siad i bhfeidhm ar bhonn córasach agus riarthach. Níor leor mar sin sásamh a lorg trí scríobh ar ais chuig an gComhairle ag an am sin, ag iarraidh uirthi freagra a chur chugam i nGaeilge. Dá ndéanfainn sin, is dócha go gcuirfí leagan Gaeilge den litir chugam, ach níor leor sin mar leigheas sna cúinsí seo: bheadh sé ina leigheas neamhdhiongbháilte agus neamhiontaofa, agus ní athródh sé na bearta drochriaracháin a bhí i bhfeidhm.

Maidir leis an ngníomh féin, ba shárú ar chearta Conartha a bhí ann *de facto*: d'fhéadfaí míniú a fháil ar na cúiseanna a bhí leis, nó leithscéal a lorg b'fhéidir, trí scríobh ar ais chuig an gComhairle ag an am, ach ní cheartódh aon fhreagra ón gComhairle an sárú ceart a bhí déanta.

3 Fotheideal Thuairim na Comhairle: *Maidir le raon feidhme an ghearáin*

ALT 7 DE THUAIRIM NA COMHAIRLE

Tá an gearán teoranta don teanga ina ndearnadh ríomhphost an 28 Iúil ón gComhairle a dhréachtú. Ní bhaineann sé le substaint an ríomhphoist sin.

FREAGRA AR ALT 7 DE THUAIRIM NA COMHAIRLE

3.1 Aontaím go bhfuil an gearán teoranta don teanga ina ndearnadh an ríomhphost a dhréachtú, agus nach mbaineann sé le substaint an ríomphoist. Aighním mar sin féin go bhfuil raon feidhme an ghearáin níos leithne ná a bhfuil tuairiscithe in alt 7 de thuairim na Comhairle, agus dá bhrí sin nach bhfuil an fotheideal atá os cionn alt 7 iomchuí. Ní féidir an gníomh a ba bhun leis an ngearán a dhealú ó na bearta agus ó na cleachtais a raibh an gníomh sin ina tharlú mar chuid dá gcur i bhfeidhm. Mura mbeadh i gceist ach gníomh aonarach nó uathúil, dealaithe amach ó bhearta agus ó chleachtais, ní rachfaí ar iontaoibh an Ombudsman.

4 **Fotheideal Thuairim na Comhairle:** *Maidir le mainneachtain an ghearánaí dul i dteagmháil leis an gComhairle chun sásamh a fháil*

ALT 8 DE THUAIRIM NA COMHAIRLE

Foráiltear mar a leanas in Airteagal 2(4) den Chinneadh ó Pharlaimint na hEorpa an 9 Márta 1994 maidir leis na rialacháin agus na coinníollacha ginearálta d'fheidhmiú fheidhmeanna an Ombudsman:

"*déantar an gearán laistigh de dhá bhliain ón dáta a thug an duine a thaisceann an gearán faoi deara na fíorais ar a bhfuil sé bunaithe agus _caithfear na bearta riaracháin iomchuí_ a dhíriú roimh ré chuig na hinstitiúidí agus na comhlachtaí lena mbaineann.*"[4]

FREAGRA AR ALT 8 DE THUAIRIM NA COMHAIRLE

4.1 Níl an t-aistriúchán a cuireadh ar fáil d'Airteagal 2(4) de Reacht an Ombudsman cruinn, agus dá dheasca sin, níl sé sásúil. Ciallaíonn an focal 'bearta' *'mesures'* i bhFraincis, nó *'measures'* i mBéarla.[5] Níl aon tagairt do 'bhearta' sna leaganacha oifigiúla den Airteagal seo.

4.2 Seo a leanas leagan oifigiúil d'Airteagal 2(4):

La plainte doit être introduite dans un délai de deux ans à compter de la date à laquelle les faits qui la justifient sont portés à la connaissance du plaignant et doit avoir été précédée de démarches administratives appropriées auprès des institutions et organes concernés.

---

4 Is leis an gComhairle an treise.
5 Is féidir é seo a dheimhniú ar IATE.

Alt 9 de thuairim na Comhairle

Is follasach gur mhainnigh an gearánaí triall faoi bhráid na Comhairle chun go ndéanfadh an institiúid sin an earráid a cheartú agus/nó leithscéal a ghabháil. Is í aidhm na rialach in Airteagal 2(4) gan ualach nach bhfuil gá leis a chur ar an Ombudsman agus ar an institiúid lena mbaineann i gcás nósanna imeachta gearáin a d'fhéadfaí a réiteach go cairdiúil.

Freagra ar Alt 9 de thuairim na Comhairle

4.3 Níl sé fíor gur mhainnigh mé céimeanna riaracháin iomchuí a ghlacadh leis na hinstitiúidí agus na comhlachtaí atá i gceist roimh ré, nó nár chloígh mé le hAirteagal 2(4) de Reacht an Ombudsman Eorpaigh. Rinne mé iarrachtaí éagsúla gearán a bhain le cleachtais mhídhleathacha a bhí á bhfeidhmiú ag na hinstitiúidí a réiteach go cairdiúil. Scríobh mé chuig institiúidí an Aontais Eorpaigh i nGaeilge ag amanna éagsúla tar éis 1 Bealtaine 1999, agus fuair mé freagraí i mBéarla uathu.[6] Rinne mé iarrachtaí áirithe mar shaoránach a chur ina luí ar na hinstitiúidí Eorpacha go raibh dlí bunúsach an Aontais á shárú. Bhain mé úsáid as na gnáthshlite daonlathacha chun go leasófaí na cleachtais sin. Níor leasaíodh iad.

4.4 Bhí cuireadh faighte agam cur i láthair a dhéanamh ag cruinniú iomlánach den Fhóram Náisiúnta um an Eoraip ar an 8 Eanáir 2004 i mBaile Átha Cliath. Scríobh mé i nGaeilge chuig an Aontas Eorpach an 26 Nollaig 2003 le sraith ceisteanna a mbeadh freagraí orthu tábhachtach dom i gcomhair mo léirithe. Fuair mé freagra a bhí i mBéarla go hiomlán ón gCoimisiún Eorpach ar an 7 Eanáir 2004. Cuireadh cóipeanna den fhreagra chuig oifigigh éagsúla de chuid an Aontais Eorpaigh. Bhí an méid seo a leanas mar

---

6 Tháinig an fhoráil ábhartha d'Airteagal 21 den Chonradh ag bunú an Chomhphobail Eorpaigh i bhfeidhm an 1 Bealtaine 1999. Féach mír 6.2 anseo thíos.

chéad abairt sa fhreagra:

"As you know, Irish is not an official language of the European Union; I hope nonetheless that this reply in English provides a satisfactory answer to your questions and that it reaches you in time to be of use for your submission to the Forum on Europe on 8 January."

Is léir ón bhfreagra sin nár thuig an duine a d'fhreagair thar ceann an Choimisiúin go raibh dualgas ar institiúidí an Aontais litreacha i nGaeilge a fhreagairt i nGaeilge, de réir Airteagal 21 den Chonradh ag bunú an Chomhphobail Eorpaigh, agus nár bhain Rialachán 1/1958 le hábhar.

4.5 D'ardaigh mé an tsaincheist seo le feidhmeannaigh éagsúla ó am go chéile, agus go hiondúil fuair mé geallúintí go gcuirfí an dlí i bhfeidhm agus nach dtarlódh a leithéid arís. Rinne mé gearán foirmiúil faoin gcleachtas mídhleathach seo ag cruinniú a bhí agam le Karl-Johan Lönnroth, Ard-Stiúrthóir Ard-Stiúrthóireacht an Aistriúcháin, agus a chuid oifigeach ar an 24 Aibreán 2006. Leag mé cóip den litir agus den fhreagra a bhfuil tagairt dóibh i bparagraf 4.4 thuas faoina mbráid mar shampla den chleachtas nach raibh sásúil. Chomh maith leis sin, thugas cóip de cháipéis a bhí scríofa agam don Ard-Stiúrthóir ina raibh sé sonraithe go soiléir go raibh ceart ag saoránaigh – i gcomhréir le hAirteagal 21 den Chonradh ag bunú an Chomhphobail Eorpaigh – scríobh chuig institiúidí agus comhlachtaí áirithe an Aontais Eorpaigh in aon cheann de na teangacha barántúla, an Ghaeilge san áireamh, agus freagra a fháil sa teanga chéanna. Dhearbhaigh an tArd-Stiúrthóir dom go gcloífí leis an gConradh i dtaca le comhfhreagras Gaeilge de as sin amach.

4.6 Ar an 28 Iúil 2006 fuair mé an freagra i mBéarla gur ábhar é don ghearán seo. Mar atá ráite agam i mír 2.9 thuas – sa fhreagra moillithe ar cheist 5 leasaithe den fhoirm ghearáin

– ba é mo thuairim mheáite ag an bpointe sin go raibh bearta agus cleachtais curtha i bhfeidhm ag na hinstitiúidí a d'iarr go gcuirfí freagraí i mBéarla ar litreacha áirithe i nGaeilge, agus nár ghníomh aonarach ná uathúil a bhí ann i mo chás-sa a tharla de thimpiste nó trí dhearmad duine, ach gur ghníomh é a rinneadh d'aon ghnó agus go comhfhiosach i gcomhréir le bearta agus le cleachtais a bhí i bhfeidhm agus a bhí ar neamhréir leis an gConradh ag bunú an Chomhphobail Eorpaigh.

4.7 Athdheimhním sa chomhthéacs seo pointe eile ón bhfreagra moillithe. Dá mba ghníomh aonarach nó uathúil é gur eisigh an Chomhairle freagra i mBéarla, ba leor mar leigheas é go ndéanfadh duine gearán agus go bhfaigheadh sé nó sí an freagra sa teanga iomchuí; ach sa chás go raibh bearta mídhleathacha i bhfeidhm, níor leor mar leigheas go ndéanfadh duine gearán agus go bhfaigheadh sé nó sí an freagra ar ais sa teanga iomchuí. Sna cúinsí sin, ní dóigh liom go rachadh litir dá leithéid i gcion ar na bearta nó na cleachtais a bhí mídhleathach, agus ní bheadh aon deimhneacht ann nach dtarlódh an rud céanna arís don duine céanna nó do dhaoine eile, d'ainneoin na litreach.

4.8 Ar an 7 Lúnasa 2006, fuair mé freagra i mBéarla ón gCoimisiún Eorpach ar chomhfhreagras i nGaeilge a sheol mé chuige an 17 Iúil 2006.

Alt 10 de thuairim na Comhairle

Cé nár leanadh an nós imeachta atá tuairiscithe i mír 9 thuas agus go bhfuil móramhras ann dá bhrí sin maidir le hinghlacthacht an ghearáin, áiritheoidh an Chomhairle go dtabharfar freagra as Gaeilge ar iarrataí faisnéise todhchaí sa teanga sin.

Freagra ar Alt 10 de thuairim na Comhairle

4.9 Mar atá aighnithe agam i míreanna 4.3–4.8 thuas, creidim gur lean mé céimeanna iomchuí de réir Airteagal 2(4) de Chinneadh na Parlaiminte chun go gcuirfí deireadh le feidhmiú na mbeart a bhí ar neamhréir leis an gConradh ag bunú an Chomhphobail Eorpaigh, agus chun go gcuirfí na bearta iomchuí i bhfeidhm sa tslí is nach mbeadh orm sárú mo cheart mar *fait accompli* a ghearánú gach uair a tharlódh sé. Dá bhrí sin aighním go bhfuil an gearán inghlactha. Mura mbeadh sé inghlactha, chiallódh sé go gcaithfeadh an saoránach ualach breise a chur air nó uirthi féin arís eile chun a gcearta a shuíomh i gcásanna ina mbeadh bearta nó cleachtais ar neamhréir leis na cearta sin á gcur i bhfeidhm ar bhonn sistéamach, nó ar bhonn córasach, nó ar bhonn riarthach.

4.10 Fáiltím roimh agus glacaim leis an áirithiú go gcuirfear freagra i nGaeilge ar chomhfhreagras i nGaeilge as seo amach.

5 Trácht Ginearálta

5.1 Tá sé suntasach nach dtagraíonn tuairim na Comhairle in aon áit don údar gur tharla sé gur chuir sí freagra chugam i mBéarla, do na cúinsí a bhí i gceist, ná do na bearta nó na cleachtais a bhí i bhfeidhm maidir le comhfhreagras i nGaeilge a fhreagairt.

5.2 Ar scála níos leithne, ní dhéanann an tuairim aon iarracht mainneachtain na Comhairle an t-alt ábhartha d'Airteagal 21 a chur i bhfeidhm go huile agus go hiomlán a mhíniú nó a chosaint. Bheinn ag súil le trédhearcacht ón gComhairle ar an bpointe seo.

5.3 Aighním nach gníomh aonarach nó uathúil a bhí i gceist, ach gur ghníomh é an freagra a chur chugam i mBéarla a bhí i gcomhréir le bearta nó le cleachtais a bhí i bhfeidhm i gcóras riaracháin an Aontais a bhí ar neamhréir le Conradh. Aighním go raibh drochriarachán i gceist.

5.4 Dá mba ghníomh aonarach nó uathúil é, a tharla de bharr dearmaid nó trí thimpiste, thabharfainn faoina réiteach sa ghnáthshlí, agus ní bheinn ag déanamh gearáin leis an Ombudsman ina leith. Tá mé den tuairim gur gá cloí le Reacht an Ombudsman Eorpaigh, agus nach cóir dul ar iontaoibh an Ombudsman nuair nach bhfuil gá leis.

6 Conclúidí

6.1 Tugann Airteagal 21 den Chonradh ag bunú an Chomhphobail Eorpaigh an ceart do gach saoránach den Aontas scríobh chuig an gComhairle i nGaeilge agus freagra a fháil uaithi sa teanga chéanna.

6.2 Tugadh an ceart seo isteach i gConradh Amstardam (1997), agus tháinig sé i bhfeidhm an 1 Bealtaine 1999.

6.3 Faoin 28 Iúil 2006 ní raibh bearta fós i bhfeidhm ag an gComhairle a thabharfadh éifeacht d'Airteagal 21 i gcás ábhair scríofa i nGaeilge.

6.4 Scríobh mé i nGaeilge chuig Comhairle an Aontais Eorpaigh ar an 17 Iúil 2006, agus chuir sí freagra i mBéarla chugam ar an 28 Iúil 2006.

6.5 Ba shárú é an gníomh sin ar oibleagáid shonrach a bhí ar an gComhairle.

6.6 Ba shárú *de facto* é an gníomh sin ar mo chearta mar shaoránach den Aontas.

6.7 Chuaigh mé ar iontaoibh an Ombudsman chun go ndéanfaí mo chearta faoi Airteagal 21 a chosaint agus a shuíomh.

Mise, le meas,

...

Pádraig Ó Laighin

5

Cinneadh an Ombudsman Eorpaigh

⌒

Chuir an tOmbudsman a chinneadh chugam i nGaeilge ar an 24 Aibreán 2007, agus tamall ina dhiaidh sin foilsíodh ar láithreán gréasáin an Ombudsman é, chomh maith le leagan Béarla. Tá an dá leagan á bhfoilsiú sa chaibidil seo.[1]

∿

---

1 Tá an leagan Gaeilge ar fáil ag http://www.ombudsman.europa.eu/ga/cases/ decision.faces/ga/3210/html.bookmark   Leagan Béarla ar fáil ag http://www. ombudsman.europa.eu/decision/en/062580.htm   Sa chás go n-athródh na haimsitheoirí aonfhoirmeacha acmhainne (URLanna), is féidir teacht ar an gcinneadh ar láithreán gréasáin an Ombudsman Eorpaigh, faoi Cinntí, 2007 Aibreán 24, Cinneadh an Ombudsman Eorpaigh maidir le gearán 2580/2006/ TN in aghaidh Chomhairle an Aontais Eorpaigh.

Decision of the European Ombudsman on Complaint 2580/2006/TN against the Council of the European Union

Contents

- The Complaint
- The Inquiry
- The Decision
- Case: 2580/2006/TN

  Opened on 13 Sep 2006 – Decision on 24 Apr 2007
- Institution(s) concerned: Council of the European Union
- Field(s) of law: General, financial and institutional matters
- Types of maladministration alleged – (i) breach of, or (ii) breach of duties relating to: Requests for information [Article 22 ECGAB]

Strasbourg, 24 April 2007

Dear Dr Ó Laighin,

On 2 August 2006, you made a complaint to the European Ombudsman on behalf of STÁDAS concerning the alleged failure by the Council of the European Union to reply in Irish to your e-mail of 17 July 2006.

On 13 September 2006, I forwarded the complaint to the Secretary-General of the Council. The Council sent its opinion on 21 November 2006. I forwarded it to you with an invitation to make observations, which you sent on 24 January 2007.

I am writing now to let you know the results of the inquiries that have been made.

Clár

- AN GEARÁN
- AN FIOSRÚCHÁN
- AN CINNEADH
- Cás: 2580/2006/TN
  Tosaithe an 2006 MFómh 13 – Cinneadh an 2007 Aib 24
- Institúid áirithe: Comhairle an Aontais Eorpaigh
- Ábhar dlíthiúil: Ábhair ghinearálta, airgeadais agus institiúide
- An cineál drochriaracháin – (i) sáruithe, nó (ii) sáruithe ar dhualgais maidir le: Iarratais ar fhaisnéis [Airteagal 22 CEDIR]

Strasbourg, 24ú Aibreán 2007

A Dhochtúir Uí Laighin, a chara,

An 2 Lúnasa 2006, rinne tú gearán leis an Ombudsman Eorpach thar ceann STÁDAS maidir le mainneachtain líomhnaithe Chomhairle an Aontais Eorpaigh, freagra as Gaeilge a thabhairt ar do ríomhphost den 17 Iúil 2006.

An 13 Meán Fómhair 2006, chuir mé do ghearán ar aghaidh chuig Ardrúnaí na Comhairle. Sheol an Chomhairle a tuairim an 21 Samhain 2006. Chuir mé an tuairim sin ar aghaidh chugatsa i dteannta le cuireadh barúlacha a thabhairt, agus chuir tusa na barúlacha sin ar aghaidh an 24 Eanáir 2007.

Táim ag scríobh anois chugat chun torthaí na bhfiosrúchán a rinneadh a chur in iúl duit.

THE COMPLAINT

The relevant facts according to the complainant can be summarised as follows.

The complainant, who is a member of STÁDAS, an organisation which seeks to promote the status of the Irish language in the European Union, wrote to the Council in Irish on 17 July 2006, mainly about the degree of preparedness of the EU for Irish becoming an official EU language on 1 January 2007. He received a reply in English from the Council on 28 July 2006.

The complainant alleged that the Council's failure to reply to his e-mail of 17 July 2006 in Irish constitutes an infringement of his rights under Article 21 of the EC Treaty.

The complainant claimed that the Council should:

1. provide him with a reply in Irish; and
2. apologise to him and to STÁDAS for having infringed Article 21 of the EC Treaty.

THE INQUIRY

The Council's opinion

The Council's opinion can be summarised as follows.

On 17 July 2006, the complainant sent an e-mail to the Council's Public Information Unit with a number of questions related to the implementation of Irish as an official language, and as a working language, of the EU. The complainant's e-mail was written in Irish.

On 28 July 2006, the Council's Public Information Unit responded by e-mail in English.

In its opinion to the Ombudsman, the Council apologises to the complainant for the inconvenience and provides a translation into Irish of its response.

AN GEARÁN

Is féidir achoimre a dhéanamh ar na fíorais iomchuí de réir an ghearánaigh mar seo a leanas.

Scríobh an gearánach, atá ina chomhalta de STÁDAS, eagraíocht a fhéachann le stádas na Gaeilge a chur chun cinn san Aontas Eorpach, chuig an gComhairle i nGaeilge an 17 Iúil 2006, faoi chomh hullmhaithe a bhí an AE don Ghaeilge a bheith ina teanga oifigiúil den AE an 1 Eanáir 2007. Fuair sé freagra i mBéarla ón gComhairle an 28 Iúil 2006.

Líomhain an gearánach gurb ionann mainneachtain na Comhairle freagra a thabhairt i nGaeilge ar a ríomhphost den 17 Iúil 2006 agus sárú ar a chearta faoi Airteagal 21 de Chonradh CE.

D'éiligh an gearánach gur chóir don Chomhairle:

1. freagra i nGaeilge a thabhairt dó; agus

2. leithscéal a ghabháil leis féin agus le STÁDAS as sárú a dhéanamh ar Airteagal 21 de Chonradh CE.

AN FIOSRÚCHÁN

Tuairim na Comhairle

Is féidir achoimre a dhéanamh ar thuairim na Comhairle mar seo a leanas.

An 17 Iúil 2006, chuir an gearánach ríomhphost chuig Aonad na Faisnéise Poiblí sa Chomhairle ina raibh roinnt ceisteanna a bhain le cur i bhfeidhm na Gaeilge mar theanga oifigiúil, agus mar theanga oibre, de chuid an AE. Bhí ríomhphost an ghearánaigh scríofa i nGaeilge.

An 28 Iúil 2006, d'fhreagair Aonad na Faisnéise Poiblí sa Chomhairle le ríomhphost i mBéarla.

Sa tuairim a chuir an Chomhairle chuig an Ombudsman, gabhann sí a leithscéal leis an ngearánach as an míchaoithiúlacht agus soláthraíonn sí aistriúchán go Gaeilge ar a freagra.

The Council points out that the complainant did not contact the Council before complaining to the Ombudsman. Article 2(4) of the Decision of the European Parliament of 9 March 1994 on the regulations and general conditions governing the performance of the Ombudsman's duties[1] ("the Statute") provides that:

> "*[a] complaint shall be made within two years of the date on which the facts on which it is based came to the attention of the person lodging the complaint and <u>must be preceded by the appropriate administrative approaches</u> to the institutions and bodies concerned.*" (The Council's underlining.)

The complainant manifestly failed to approach the Council with a view to allowing that institution to correct the error made and/or apologise. The rule in Article 2(4) of the Statute serves the aim of avoiding the unnecessary burdening of the Ombudsman and the institutions concerned with complaint procedures that could be settled amicably. While the procedure outlined in Article 2(4) of the Statute was not followed and therefore raises strong doubts as to the admissibility of the complaint, the Council will ensure that, in the future, requests for information in the Irish language are replied to in that language.

The complainant's observations

The comments made by the complainant in his observations can be summarised as follows.

The complainant notes that the Council has apologised for the inconvenience caused by it replying in English. The complainant accepts the Council's apology. He also thanks the Council for having provided a reply in Irish, in accordance with Article 21 of the Treaty.

---

1 OJ 1994 L 113, p. 15.

Tugann an Chomhairle chun suntais nach ndearna an gearánach teagmháil leis an gComhairle sula ndearna sé gearán leis an Ombudsman. Forálann Airteagal 2(4) den Chinneadh ó Pharlaimint na hEorpa an 9 Márta 1994 maidir leis na rialacháin agus na coinníollacha ginearálta d'fheidhmiú fheidhmeanna an Ombudsman[1] ("an Reacht"):

> "*déanfar [an] gearán laistigh de dhá bhliain ón dáta a thug an duine a thaisceann an gearán faoi deara na fíorais ar a bhfuil sé bunaithe agus <u>caithfear na bearta riaracháin iomchuí</u> a dhíriú roimh ré chuig na hinstitiúidí agus na comhlachtaí lena mbaineann.*" (Is leis an gComhairle an treise.)

Ba léir gur mhainnigh an gearánach teagmháil a dhéanamh leis an gComhairle d'fhonn deis a thabhairt don institiúid sin an earráid a rinneadh a chur ina ceart agus/nó leithscéal a ghabháil. Is í aidhm na rialach in Airteagal 2(4) gan ualach nach bhfuil gá leis a chur ar an Ombudsman agus ar na hinstitiúidí lena mbaineann i gcás nósanna imeachta gearáin a d'fhéadfaí a réiteach go cairdiúil. Cé nár leanadh an nós imeachta atá tuairiscithe in Airteagal 2(4) den Reacht agus go raibh móramhras ann dá bhrí sin maidir le hinghlacthacht an ghearáin, áiritheoidh an Chomhairle, as seo amach, go dtabharfar freagra as Gaeilge ar iarrataí faisnéise sa teanga sin.

Barúlacha an ghearánaigh

Is féidir achoimre a dhéanamh ar a ndúirt an gearánach ina chuid barúlacha mar seo a leanas.

Tugann an gearánach ar aird gur ghabh an Chomhairle leithscéal as an míchaoithiúlacht a chruthaigh sí trí fhreagra a thabhairt i mBéarla. Glacann an gearánach le leithscéal na Comhairle. Gabhann sé buíochas freisin leis an gComhairle as freagra a sholáthar sa Ghaeilge, i gcomhréir le hAirteagal 21 den Chonradh.

---

1   IO 1994 L 113, lch. 15.

However, the complainant had not stated that he did not contact the Council before sending the complaint to the Ombudsman. He noted that if the intention of question 5 of the Ombudsman's complaint form was to ask whether 'redress' had been asked for, he confirmed that, indeed, he did not contact the Council in order to obtain redress after having received the Council's response in English. He stated that when he received the answer which is the subject of the complaint, it was his considered opinion that the procedure for gaining redress had been exhausted and that his only option was to turn to the Ombudsman.

He went on to note that, when he received the Council's reply of 28 July 2006 in English, he knew from his personal experience of receiving replies in English from the institutions of the Union to his letters in Irish, that the e-mail sent by the Council was not an isolated case, but rather consistent with practices in place with regard to replying to correspondence written in Irish. The non-compliance with the EC Treaty was therefore of systematic nature and it would not have been enough to write to the Council seeking redress. A mere letter from him would not have corrected the poor administrative measures that were in place.

The complainant went on to argue that his complaint did not relate to the substance of the Council's response of 28 July 2006. He argued that the scope of his complaint was not "*limited to the language in which the e-mail of 28 July from the Council was drafted.*"

He went on to argue that it is not true that he failed to make appropriate administrative approaches to the Council. He pointed out that he made various attempts to solve, in a friendly manner, complaints relating to the illegal practices that were being implemented by the institutions. He had written to the EU institutions in Irish at various times after 1 May 1999, when the relevant provision of Article 21 of the EC Treaty entered into

Ní raibh sé ráite ag an ngearánach, áfach, nach ndearna sé teagmháil leis an gComhairle sular chuir sé an gearán chuig an Ombudsman. Thug sé ar aird, más rud é gurb éard a bhí beartaithe le ceist 5 d'fhoirm ghearáin an Ombudsman ná a iarraidh ar lorgaíodh 'sásamh', gur dheimhnigh sé, go deimhin, nach ndearna sé teagmháil leis an gComhairle chun sásamh a fháil tar éis freagra na Comhairle a fháil i mBéarla. Dúirt sé nuair a fuair sé an freagra ab ábhar don ghearán, gurbh é a thuairim mheáite go raibh an nós imeachta chun sásamh a fháil ídithe agus nach raibh de rogha aige ach dul ar iontaoibh an Ombudsman.

Dúirt sé freisin, nuair a fuair sé freagra na Comhairle an 28 Iúil 2006 i mBéarla, go raibh a fhios aige óna thaithí phearsanta féin trí fhreagraí a fháil i mBéarla ar litreacha i nGaeilge chuig institiúidí an Aontais, nach beart aonarach a bhí i gceist leis an ríomhphost a sheol an Chomhairle, ach beart a bhí i gcomhréir leis na cleachtais a bhí i bhfeidhm i dtaca le freagraí a thabhairt ar chomhfhreagras a bhí scríofa i nGaeilge. Ba ar bhonn córasach dá bhrí sin a bhí an neamhchomhlíonadh de Chonradh CE agus nár leor scríobh chuig an gComhairle chun sásamh a fháil. Ní chuirfeadh litir uaidhsean na bearta drochriaracháin a bhí ann ina gceart.

D'áitigh an gearánach ansin nár bhain a ghearán le substaint fhreagra na Comhairle den 28 Iúil 2006. D'áitigh sé nach raibh an gearán "*teoranta don teanga ina ndearnadh ríomhphost an 28 Iúil ón gComhairle a dhréachtú.*"

D'áitigh sé ansin nach fíor gur mhainnigh sé na céimeanna riaracháin iomchuí a ghlacadh leis an gComhairle. Dúirt sé go ndearna sé iarrachtaí éagsúla gearáin a bhain le cleachtais mhídhleathacha a bhí á bhfeidhmiú ag na hinstitiúidí a réiteach go cairdiúil. Scríobh sé chuig institiúidí an AE i nGaeilge ag amanna éagsúla tar éis an 1 Bealtaine 1999, tráth ar tháinig an fhoráil iomchuí d'Airteagal 21 de Chonradh CE i bhfeidhm, agus fuair sé freagraí i mBéarla uathu. Rinne sé iarrachtaí a chur ina

force, and received replies in English. He had made attempts to convince the institutions that the basic law of the Union was being breached. It was therefore his considered opinion that his case was not an isolated instance which had occurred by accident or mistake, but was deliberate, and reflected the practices in place.

He noted that if his complaint were not to be considered admissible, that would mean that the citizens would have to undergo further difficulties in order to establish their rights in cases where practices inconsistent with those rights were being implemented on a systematic or administrative basis.

While the complainant welcomes the reassurance that correspondence in Irish will be replied to in Irish from now on, he notes that, nevertheless, this was a case of maladministration. In this respect, he noted that it was significant that the Council's opinion did not refer to the reasons for having replied to him in English or to the measures or practices in place with regard to answering correspondence in Irish.

In his observations, the complainant also made a number of comments regarding the wording used in the Irish version of the Ombudsman's complaint form.

The Decision

1 Preliminary remarks

1.1 The Ombudsman notes that the Council has questioned whether the complaint should be deemed to be admissible insofar as, in the Council's view, the complainant failed, as required by the Ombudsman's Statute,[2] to make appropriate prior administrative approaches to it. According to the Council, the complainant manifestly failed to approach the Council with a view to allowing that institution to correct

---

2   See Article 2(4) of the Decision of the European Parliament of 9 March 1994 on the regulations and general conditions governing the performance of the Ombudsman's duties, OJ 1994 L 113, p. 15.

luí ar na hinstitiúidí go raibh dlí bunúsach an Aontais á shárú. Ba é a thuairim mheáite, dá bhrí sin, nach cás aonarach a tharla de thimpiste nó trí dhearmad a bhí ina chás-san, ach gur beart a rinneadh d'aon ghnó é, agus gur léirigh sé na cleachtais a bhí i bhfeidhm.

Thug sé ar aird, mura measfaí a ghearán a bheith inghlactha, go gciallódh sé go gcaithfeadh saoránaigh ualach breise a chur orthu féin chun a gcearta a shuíomh i gcásanna ina mbeadh cleachtais ar neamhréir leis na cearta sin á gcur i bhfeidhm ar bhonn córasach nó ar bhonn riarthach.

Cé go bhfáiltíonn an gearánach roimh an áirithiú go dtabharfar freagra i nGaeilge ar chomhfreagras i nGaeilge as seo amach, tugann sé ar aird, áfach, go mba chás drochriaracháin a bhí anseo. Maidir leis sin, thug sé ar aird go mba chuid suntais é nár tagraíodh i dtuairim na Comhairle do na cúiseanna gur chuir sí freagra chuige i mBéarla ná do na bearta nó na cleachtais a bhí i bhfeidhm maidir le comhfhreagras i nGaeilge a fhreagairt.

Ina chuid barúlacha, d'ardaigh an gearánach cúpla pointe faoin bhfoclaíocht a bhí in úsáid sa leagan Gaeilge d'fhoirm ghearáin an Ombudsman.

AN CINNEADH

1 Réamhráitis

1.1 Tugann an tOmbudsman ar aird gur cheistigh an Chomhairle cibé ar chóir go measfaí an gearán a bheith inghlactha a mhéid, i dtuairim na Comhairle, gur mhainnigh an gearánach teagmháil riaracháin chuí a dhéanamh léi roimh ré, faoi mar a éilítear le Reacht an Ombudsman.[2] Dar leis an gComhairle, ba léir gur mhainnigh an gearánach teagmháil a dhéanamh leis an gComhairle d'fhonn deis a thabhairt

---

2 Féach Airteagal 2(4) den Chinneadh ó Pharlaimint na hEorpa an 9 Márta 1994 maidir leis na rialacháin agus na coinníollacha ginearálta d'fheidhmiú fheidhmeanna an Ombudsman IO 1994 L 113, lch. 15.

the error made and/or apologise.

1.2   The Ombudsman acknowledges the right of institutions or bodies to which complaints have been communicated by the Ombudsman to put forward their views regarding the admissibility of the complaints. The Ombudsman welcomes the opportunity to explain and to clarify such matters.

1.3   Article 2(4) of the Statute stipulates that a complaint must be preceded by the appropriate administrative approaches to the institutions and bodies concerned. It is therefore indeed normally incumbent on the complainant to make administrative approaches to the institution before complaining to the Ombudsman.

1.4   However, in certain cases, there may be no administrative approaches that can be considered to be "appropriate." This is particularly the case when the complainant rightly considers that, given the circumstances, nothing of practical value could be achieved by making an administrative approach to the institution or body. It would not be in conformity with Article 2(4) of the Statute to impose an obligation to make an administrative approach before complaining to the Ombudsman in cases where there exists no "appropriate" administrative approach.

1.5   The Ombudsman recalls that it is for him to decide whether there exists appropriate administrative approaches in particular cases.

1.6   The Ombudsman notes that the present case concerns a complainant that wrote to the Council in Irish in relation to whether the Council was prepared for the fact that Irish was about to become an official language of the EU. The complainant received a reply from the Council in English.

don institiúid sin an earráid a rinneadh a chur ina ceart agus/nó leithscéal a ghabháil.

1.2   Aithníonn an tOmbudsman ceart institiúidí nó comhlachtaí a gcuireann an tOmbudsman gearáin chucu a dtuairimí maidir le hinghlacthacht na ngearán a chur ar aghaidh. Fáiltíonn an tOmbudsman roimh an deis ceisteanna den sórt sin a mhíniú agus a shoiléiriú.

1.3   Deir Airteagal 2(4) den Reacht go gcaithfear teagmháil riaracháin chuí leis na hinistitiúidí agus na comhlachtaí lena mbaineann a bheith déanta sula ndéantar an gearán. Tá sé, dá bhrí sin, de dhualgas ar an ngearánach teagmháil riaracháin a dhéanamh leis an institiúid sula ndéanann sé gearán leis an Ombudsman.

1.4   I gcásanna áirithe, áfach, d'fhéadfadh sé nach mbeadh aon teagmháil riaracháin ann a d'fhéadfaí a mheas a bheith "cuí". Seo an cás go háirithe nuair a mheasann an gearánach, le ceart, ag breathnú ar na himthosca, nach bhféadfaí aon ní a mbeadh fiúntas praiticiúil leis a bhaint amach trí theagmháil riaracháin a dhéanamh leis an institiúid nó leis an gcomhlacht. Ní bheadh sé ag teacht le hAirteagal 2(4) den Reacht oibleagáid a fhorchur teagmháil riaracháin a dhéanamh sula ndéanfaí gearán leis an Ombudsman i gcásanna nach bhfuil aon teagmháil riaracháin "chuí" ann.

1.5   Meabhraíonn an tOmbudsman gur faoisean atá sé a chinneadh cibé ar ann do theagmháil riaracháin chuí i gcásanna ar leith.

1.6   Tugann an tOmbudsman ar aird go mbaineann an cás seo le gearánach a scríobh chuig an gComhairle i nGaeilge i ndáil le cibé an raibh an Chomhairle ullmhaithe don Ghaeilge a bheith ina teanga oifigiúil den AE. Fuair an gearánach freagra ón gComhairle i mBéarla. Nuair a bhreathnaítear ar

Given the context, it is reasonable to assume that the complainant was seriously antagonised by this response. Requiring the complainant to engage in further contacts with the Council would, in such circumstances, have been of no practical value to either the complainant or the Council. The Ombudsman therefore concluded that there were no administrative approaches that could be considered "appropriate" in the present case. The Ombudsman notes that his assessment as regards the non-existence of an appropriate prior administrative approach in this case is confirmed by the complainant's observations that *"his only option was to turn to the Ombudsman."*

1.7   The Ombudsman notes the complainant's statements that he made various attempts to solve, in a friendly manner, complaints relating to what, in his view, were illegal practices implemented by the institutions, since 1 May 1999, in relation to the use of Irish. The Ombudsman notes that the present inquiry concerns only the response of the Council to the complainant's e-mail of 17 July 2006. Thus, "approaches" made by the complainant since 1 May 1999 are, except to the extent they serve to contextualise the present complaint, not of direct concern as regards the Ombudsman's inquiry.

1.8   The Ombudsman would further like to thank the complainant for the useful comments made in his observations as regards the way in which the Irish version of the Ombudsman's complaint form is formulated. The Ombudsman has already taken steps to check the appropriateness of the wording of the Irish version of the complaint form.

an gcomhthéacs, tá sé réasúnach glacadh leis gur chuir an freagra sin as go mór dó. Ní bheadh aon fhiúntas praiticiúil, sna himthosca sin, don ghearánach ná don Chomhairle, ag baint lena chur faoi deara don ghearánach tuilleadh teagmhála a bheith aige leis an gComhairle. Tháinig an tOmbudsman ag an gconclúid dá bhrí sin nárbh ann do theagmháil riaracháin a d'fhéadfaí a mheas mar theagmháil "chuí" sa chás seo. Tugann an tOmbudsman ar aird go bhfuil a mheasúnú maidir le gan aon teagmháil riaracháin chuí roimh ré a bheith ann sa chás seo deimhnithe ag barúlacha an ghearánaigh a deir *"nach raibh de rogha aige ach dul ar iontaoibh an Ombudsman."*

1.7 Tugann an tOmbudsman ráitis an ghearánaigh ar aird a deir go ndearna sé iarrachtaí éagsúla gearáin a bhain le, ina thuairim seisean, cleachtais mhídhleathacha i dtaca le húsáid na Gaeilge a bhí á gcur i bhfeidhm ag na hinstitiúidí, ón 1 Bealtaine 1999, a réiteach ar shlí chairdiúil. Tugann an tOmbudsman ar aird nach mbaineann an fiosrúchán seo ach amháin le freagra na Comhairle ar ríomhphost an ghearánaigh den 17 Iúil 2006. Dá bhrí sin, níl baint dhíreach ag "teagmhálacha" a rinne an gearánach ón 1 Bealtaine 1999, ach amháin sa mhéid go bhfónann siad chun an gearán seo a chur i gcomhthéacs, maidir le fiosrúchán an Ombudsman.

1.8 Ba mhaith leis an Ombudsman buíochas a ghlacadh freisin leis an ngearánach as na pointí úsáideacha a d'ardaigh sé ina chuid barúlacha maidir leis an tslí a raibh an leagan Gaeilge d'fhoirm ghearáin an Ombudsman curtha i bhfocail. Tá bearta déanta ag an Ombudsman cheana chun oiriúnacht fhoclaíocht an leagain Ghaeilge den fhoirm ghearáin a sheiceáil.

2   The alleged failure by the Council to reply in Irish to the complainant's correspondence

2.1   The substance of the present case concerns the language used by the Council when replying to the complainant's correspondence. The complaint was made on behalf of STÁDAS and the complainant alleged that the Council's failure to reply to his e-mail of 17 July 2006 in Irish constitutes an infringement of his rights under Article 21 of the EC Treaty. The complainant claimed that the Council should provide him with a reply in Irish and apologise to him and to STÁDAS for having infringed Article 21 of the EC Treaty.

2.2   The Council recalls that the complainant sent an e-mail to the Council's Public Information Unit on 17 July 2006 with a number of questions related to the implementation of Irish as an official language, and as a working language, of the EU. The complainant's e-mail was written in Irish. The Council acknowledges that the Public Information Unit responded to him by e-mail in English on 28 July 2006. The Council apologises to the complainant for the inconvenience and, in its opinion to the Ombudsman, provides a translation into Irish of its response. The Council stated that it will ensure that, in the future, requests for information in the Irish language are replied to in that language.

2.3   In his observations, the complainant notes that the Council has apologised for the inconvenience caused by replying in English. The complainant accepts the Council's apology. He also thanks the Council for having provided a reply in Irish, in accordance with Article 21 of the Treaty. The complainant went on to point out that his complaint was not limited to the language in which the Council's e-mail

2 Mainneachtain líomhnaithe na Comhairle freagra i nGaeilge a thabhairt ar chomhfhreagras an ghearánaigh

2.1 Baineann substaint an cháis seo leis an teanga a d'úsáid an Chomhairle nuair a thug sí freagra ar chomhfhreagras ón ngearánach. Rinneadh an gearán thar ceann STÁDAS agus líomhain an gearánach gurb ionann mainneachtain na Comhairle freagra a thabhairt i nGaeilge ar a ríomhphost den 17 Iúil 2006 agus sárú ar a chearta faoi Airteagal 21 de Chonradh CE. D'éiligh an gearánach gur chóir go dtabharfadh an Chomhairle freagra i nGaeilge dó agus leithscéal a ghabháil leis féin agus le STÁDAS as Airteagal 21 de Chonradh CE a shárú.

2.2 Meabhraíonn an Chomhairle, gur chuir an gearánach ríomhphost chuig Aonad na Faisnéise Poiblí sa Chomhairle an 17 Iúil 2006 ina raibh roinnt ceisteanna a bhain le cur i bhfeidhm na Gaeilge mar theanga oifigiúil, agus mar theanga oibre, de chuid an AE. Bhí ríomhphost an ghearánaigh scríofa i nGaeilge. Admhaíonn an Chomhairle gur thug Aonad na Faisnéise Poiblí freagra air le ríomhphost i mBéarla an 28 Iúil 2006. Glacann an Chomhairle leithscéal leis an ngearánach as an míchaoithiúlacht agus, sa tuairim a chuir sí chuig an Ombudsman, tugann sí aistriúchán go Gaeilge ar a freagra. Deir an Chomhairle go n-áiritheoidh sí, amach anseo, go dtabharfar freagra i nGaeilge ar iarrataí ar fhaisnéis sa teanga sin.

2.3 Ina chuid barúlacha, tugann an gearánach ar aird gur ghabh an Chomhairle leithscéal leis as an mícaoithiúlacht a chruthaigh sí trí fhreagra a thabhairt i mBéarla. Glacann an gearánach le leithscéal na Comhairle. Gabhann sé buíochas freisin leis an gComhairle as freagra a sholáthar i nGaeilge, i gcomhréir le hAirteagal 21 den Chonradh. Thug an gearánach chun suntais freisin nach raibh a ghearán teoranta

of 28 July 2006 was drafted, since the non-compliance with Article 21 of the EC Treaty as regards correspondence in Irish is systematic in nature. However, the complainant welcomes the Council's assurance that correspondence in Irish will henceforth be replied to in Irish.

2.4   The Ombudsman first of all notes that the allegation contained in the complaint submitted to him concerns the fact that the Council's e-mail of 28 July 2006 was written in English. The Ombudsman notes that complainant claimed that the Council should respond in Irish and apologise. In his observations on the Council's opinion, the complainant pointed out that his complaint was not limited to the Council's e-mail of 28 July 2006. In his view, it also concerned, as regards correspondence in Irish, the alleged systematic non-compliance by Community institutions with Article 21 of the EC Treaty.

The allegation as regards systematic non-compliance with Article 21 of the EC Treaty does not constitute part of the original complaint. Therefore, the Ombudsman will not examine, in the context of this inquiry, whether there existed a systematic policy as regards the use, or the lack thereof, of Irish. However, the complainant may consider submitting a separate complaint to the Ombudsman regarding the matter if he so wishes.

2.5   The Ombudsman notes that Article 21 of the EC Treaty recognises the unequivocal right of citizens to write to the Community institutions in any of the Treaty languages and to receive an answer in the same language. This right is

don teanga inar dréachtaíodh ríomhphost na Comhairle den 28 Iúil 2006, de bhrí gur ar bhonn córasach a bhí an neamhchomhlíonadh le hAirteagal 21 de Chonradh CE maidir le comhfhreagras i nGaeilge. Fáiltíonn an gearánach, áfach, roimh gheallúint na Comhairle go dtabharfar freagra i nGaeilge ar chomhfhreagras i nGaeilge as seo amach.

2.4 Tugann an tOmbudsman ar aird ar an gcéad dul síos go mbaineann an líomhain atá sa ghearán a cuireadh faoina bhráid leis an bhfíoras gur scríobhadh ríomhphost na Comhairle den 28 Iúil 2006 i mBéarla. Tugann an tOmbudsman ar aird gur éiligh an gearánach gur chóir gur i nGaeilge a thabharfadh an Chomhairle a freagra agus go ngabhfadh sí a leithscéal leis. Ina chuid barúlacha ar thuairim na Comhairle, thug an gearánach chun suntais nach raibh a ghearán teoranta do ríomhphost na Comhairle den 28 Iúil 2006. Ina thuairimsean, bhain sé freisin, chomh fada agus a bhaineann le comhfhreagras trí Ghaeilge, le neamhchomhlíonadh córasach líomhnaithe Airteagal 21 de Chonradh CE a bheith ar siúl ag institiúidí an Chomhphobail.

Ní cuid den ghearán bunaidh é an líomhain maidir le neamhchomhlíonadh córasach Airteagal 21 de Chonradh CE. Dá bhrí sin, ní scrúdóidh an tOmbudsman, i gcomhthéacs an fhiosrúcháin seo, cibé arbh ann do bheartas córasach maidir le húsáid, nó easpa úsáide, na Gaeilge. Mar sin féin, féadfaidh an gearánach smaoineamh ar ghearán ar leithligh a chur faoi bhráid an Ombudsman maidir leis an ábhar sin más mian leis sin a dhéanamh.

2.5 Tugann an tOmbudsman ar aird go dtugtar aitheantas in Airteagal 21 de Chonradh CE do cheart soiléir na saoránach scríobh chuig institiúidí an Chomhphobail in aon cheann de na teangacha Conartha agus <u>freagra a</u>

further defined by Article 13 of the European Code of Good Administrative Behaviour,[3] which stipulates that officials shall ensure that every citizen, or any member of the public, who writes to the institution in one of the Treaty languages receives an answer in the same language. The Ombudsman notes that it is in the interests of democracy, transparency, legitimacy and effectiveness that the fundamental right of citizens to correspond with the EU institutions in any of the Treaty languages, and to receive an answer in the same language, has been recognised.[4] Further, any failure to respect this fundamental right impacts upon the dignity and individuality of the citizen. Any infringement of this fundamental right by the EU institutions constitutes an instance of maladministration.

2.6   The Ombudsman notes that, in the present case, the Council has acknowledged its incorrect behaviour, has apologised for it and has provided the complainant with an Irish translation of its reply of 28 July 2006. It has also made a commitment to ensure that, in the future, requests for information in the Irish language are replied to in that language. The complainant has accepted the apology, has thanked for the reply in Irish and has welcomed the Council's assurance that future correspondence in Irish will be replied to in Irish. This reassurance is, in the Ombudsman's view, a sufficient explanation of the measures in place with regard to answering correspondence in Irish.

---

3   The European Code of Good Administrative Behaviour is available on the Ombudsman's website (http://www.ombudsman.europa.eu/code/pdf/en/code2005_en.pdf).
4   Article 21 of the EC Treaty and Article 41(4) of the Charter of Fundamental Rights of the European Union.

fháil uathu sa teanga chéanna. Tá an ceart sin sainithe tuilleadh le hAirteagal 13 den Chód Eorpach um Dhea-Iompar Riaracháin,[3] a shonraíonn go gcinnteoidh oifigigh go bhfaighidh gach saoránach, nó aon duine den phobal, a scríobhann chuig an institiúid i gceann de na teangacha Conartha freagra ar ais sa teanga chéanna. Tugann an tOmbudsman ar aird gur chun sochair an daonlathais, na trédhearcachta, na dlisteanachta agus na héifeachtachta é go mbeadh aitheantas tugtha do cheart bunúsach na saoránach comhfhreagras a dhéanamh le hinstitiúidí an AE in aon cheann de na teangacha Conartha, agus freagra a fháil uathu sa teanga chéanna.[4] Chomh maith leis sin, téann aon mhainneachtain an ceart bunúsach seo a urramú i gcion ar dhínit agus ar fhéiniúlacht an tsaoránaigh. Is cás drochriaracháin é aon sárú ar an gceart bunúsach seo ag institiúidí an AE.

2.6 Tugann an tOmbudsman ar aird, sa chás seo, gur admhaigh an Chomhairle an t-iompar mícheart a rinne sí, agus gur ghabh sí a leithscéal as agus gur thug sí aistriúchán Gaeilge don ghearánach dá freagra den 28 Iúil 2006. Rinne sí tiomantas freisin go n-áiritheofaí, amach anseo, go dtabharfaí freagra as Gaeilge ar iarrataí faisnéise sa teanga sin. Ghlac an gearánach leis an leithscéal, ghabh sé buíochas as freagra a fháil i nGaeilge agus d'fháiltigh sé roimh dhearbhú na Comhairle gach comhfhreagras trí Ghaeilge amach anseo a fhreagairt i nGaeilge. Is míniú dóthanach é an t-athdhearbú sin, i dtuairim an Ombudsman, de na bearta atá i bhfeidhm maidir le comhfhreagras a fhreagairt i nGaeilge.

---

3 Tá fáil ar an gCód Eorpach um Dhea-Iompar Riaracháin ar láithreán gréasáin an Ombudsman (http://www.ombudsman.europa.eu/code/pdf/en/code2005_en.pdf).
4 Airteagal 21 de Chonradh CE agus Airteagal 41(4) de Chairt um Chearta Bunúsacha an Aontais Eorpaigh.

2.7   In view of the above, the Ombudsman considers that the Council appears to have taken adequate steps to settle the matter and has thereby satisfied the complainant.

3   Conclusion

It appears from the Council's opinion and the complainant's observations that the Council has taken steps to settle the matter and has thereby satisfied the complainant. The Ombudsman therefore closes the case.

The Secretary-General of the Council will also be informed of this decision.

Yours sincerely,

P. Nikiforos DIAMANDOUROS

2.7   I bhfianaise a bhfuil thuas, measann an tOmbudsman gur dealraitheach go ndearna an Chomhairle na bearta cuí chun an cheist a réiteach agus ar an tslí sin gur thug sí sásamh don ghearánach.

3   Conclúid

Is dealraitheach ó thuairim na Comhairle agus ó bharúlacha an ghearánaigh go ndearna an Chomhairle na bearta cuí chun an cheist a réiteach agus ar an tslí sin gur thug sí sásamh don ghearánach. Dúnann an tOmbudsman, dá bhrí sin, an cás.

Cuirfear Ardrúnaí na Comhairle ar an eolas faoin gcinneadh seo chomh maith.

Is mise le meas,

P. Nikiforos DIAMANDOUROS

6

Conclúid

~

Baineadh amach, ina hiomláine, an sprioc a chuireas romham trí ghearán a dhéanamh leis an Ombudsman Eorpach maidir le ceart an tsaoránaigh scríobh chuig institiúidí agus comhlachtaí comhairleacha an Aontais Eorpaigh i nGaeilge agus freagra a fháil ar ais sa teanga chéanna. I mír 2.5 dá chinneadh,[1] tugann an tOmbudsman achoimre shoiléir ar an gceart a bhí faoi thrácht, a bhunús conartha agus riaracháin, réimsí a leasa mar cheart bunúsach, agus impleachtaí a sháraithe don saoránach, mar a leanas:

> Tugann an tOmbudsman ar aird go dtugtar aitheantas in Airteagal 21 de Chonradh CE do cheart soiléir na saoránach scríobh chuig institiúidí an Chomhphobail in aon cheann de na teangacha Conartha agus <u>freagra a fháil uathu sa teanga chéanna</u>. Tá an ceart sin sainithe tuilleadh le hAirteagal 13 den Chód Eorpach um Dhea-Iompar Riaracháin, a shonraíonn go gcinnteoidh oifigigh go bhfaighidh gach saoránach, nó aon duine den phobal, a scríobhann chuig an institiúid i gceann de na teangacha Conartha freagra ar ais sa teanga chéanna. Tugann an tOmbudsman ar aird gur chun sochair an daonlathais, na trédhearcachta, na dlisteanachta agus na héifeachtachta é go mbeadh aitheantas tugtha do cheart bunúsach na

---

1 Lgh. 62-65 thuas.

saoránach comhfhreagras a dhéanamh le hinstitiúidí an AE in aon cheann de na teangacha Conartha, agus freagra a fháil uathu sa teanga chéanna. Chomh maith leis sin, téann aon mhainneachtain an ceart bunúsach seo a urramú i gcion ar dhínit agus ar fhéiniúlacht an tsaoránaigh. Is cás drochriaracháin é aon sárú ar an gceart bunúsach seo ag institiúidí an AE.

Shocraigh an cás seo an cheist, ní hamháin don Ghaeilge, ach do theangacha oifigiúla uile an Aontais. Cuireadh deireadh tobann le cleachtas a bhí ag leathnú trína n-eisítí freagraí i dteangacha nós imeachta na n-institiúidí – go háirithe Béarla, Fraincis, agus Gearmáinis – ar litreacha i dteangacha oifigiúla eile. Agus cé gur bhain an cás go teicniúil leis an gComhairle, cuireadh an cinneadh i bhfeidhm sna hinstitiúidí agus sna comhlachtaí comhairleacha ar fad.

De bhrí gur bhain an gearán le freagra ar ríomhphost, chuir an cinneadh deireadh leis an éiginnteacht a bhí ann maidir le stádas ríomhphoist mar chomhfhreagras scríofa. Feasta ní fhéadfaí a thabhairt le fios gur bhain na forálacha Conartha agus Cairte le litreacha sa phost traidisiúnta amháin: chaithfí freagra sa teanga chéanna a chur ar fáil ar ríomhphost in aon cheann de na teangacha Conartha. Ó bhí deireadh tagtha le stádas aimhrialta na Gaeilge ón 1 Eanáir 2007, bhain cinneadh an Ombudsman le cumarsáid sna teangacha oifigiúla ar fad.

Raon feidhme an ghearáin

Bhain an gearán le teanga an fhreagra, agus ní lena dhóthanacht shubstainteach i gcomhthéacs na gceisteanna a chuir mé faoi bhráid na Comhairle. Thuigeas ag an am go raibh dualgais áirithe dhlíthiúla ar an gComhairle maidir le cur i bhfeidhm an Rialacháin lena ndearnadh teanga oifigiúil agus oibre den Ghaeilge, agus gur bhain cuid de mo cheisteanna leis na dualgais sin.[2] Ach bhí a fhios

---

2   Ceisteanna 1.1 agus 1.3, mar shampla, i mo litir chuig an gComhairle (lch. 78

agam freisin gur phróiseas fadtéarmach a bhí i gceist sa chur i bhfeidhm, agus go mbeadh deis agam, de réir a chéile, tacú le ról feidhmithe na Comhairle tríd an gcumarsáid dheimhneach a bhí cothaithe agam léi go dtí sin go díreach agus trí Bhuanionadaíocht na hÉireann.

Mar a tharla, sa chéad dréacht den tuairim ar mo ghearán a d'ullmhaigh an Ard-Rúnaíocht, admhaíodh go mb'fhéidir gur bhain cuid de na ceisteanna a bhí curtha agam leis an gComhairle. Mar a leanas mír 7 sa chéad dréacht sin, ach gur liomsa an treise:

> Tá an gearán teoranta don teanga ina ndearnadh ríomhphost an 28 Iúil ón gComhairle a dhréachtú. Ní bhaineann sé le substaint an ríomhphoist sin. *Go deimhin, baineann móramh na saincheisteanna nó na saincheisteanna ar fad a d'ardaigh an gearánach leis an gCoimisiún agus le Parlaimint na hEorpa seachas leis an gComhairle. Dá réir sin, chomh fada is a bhaineann sé le substaint, ní fhéadfadh an Chomhairle aon fhreagra ciallmhar eile a thabhairt.*[3]

Sa dara dréacht, an ceann a cheadaigh Comhairle na nAirí, bhí an sliocht sa chló iodálach fágtha ar lár.[4]

Aicmíodh an chéad dréacht mar dhoiciméad *LIMITE*, nó teoranta, stádas a chiallaigh nach mbeadh gnáthrochtain ag an bpobal air. D'iarras cóip de agus an leabhar seo á ullmhú agam, agus thug Ard-Rúnaíocht na Comhairle rochtain dom ar an doiciméad an 2 Iúil 2013, tar éis di m'iarraidh a scrúdú ar bhonn Rialachán (CE) Uimh. 1049/2001 ó Pharlaimint na hEorpa agus ón gComhairle maidir le rochtain phoiblí ar dhoiciméid, agus forálacha sonracha Rialacha Nós Imeachta na Comhairle.

Cé go mbím i gcónaí i bhfabhar na trédhearcachta i gcúrsaí

---

in Aguisín A thíos), ar cheisteanna iad a baineadh as mo thuarascáil (lch. 93 in Aguisín C thíos).

3   Comhairle 14003/06, mír 7. Liomsa an t-aistriúchán ar an téacs sa chló iodálach.

4   Comhairle 14004/06, mír 7.

riaracháin phoiblí, ní dhearna an bac seo ar rochtain ar dhoiciméad aon dochar dom ag an am: níor mhaolaigh sé ar aon bhealach mo thuiscint ar dhualgais na Comhairle, ná an cur chuige tathantach a lean mé féin maidir lena gcur sin i bhfeidhm. Is fuinneog spéisiúil é, mar sin féin, ar an tslí gur nós le heagrais a n-éiginnteacht i réimsí beartas a cheilt.

Ceist inghlacthachta mo ghearáin

Ina tuairim, chaith an Chomhairle móramhras ar inghlacthacht mo ghearáin ar an ábhar nár scríobh mé ar ais chuici maidir leis an bhfreagra i mBéarla sula ndeachaigh mé ar iontaoibh an Ombudsman. Dar leis an gComhairle, ba ghá dom teagmháil riaracháin iomchuí a bheith déanta agam léi roimh ré i gcomhréir le Cinneadh na Parlaiminte maidir le dualgais an Ombudsman. Tuairiscíodh i nuachtán seasamh na Comhairle ar an gceist seo, maille le mo mheasúnú nach gceartódh litir uaimse na bearta riaracháin a bhí i bhfeidhm, gan cinneadh an Ombudsman i leith na difríochta eadrainn a lua.[5] Rialaigh seisean nach raibh teagmháil riaracháin ar fáil dom sa chás seo a d'fhéadfadh a bheith iomchuí, agus nach raibh de rogha agam dá bharr sin ach dul ar a iontaoibh go díreach.

Foclaíocht an leagain Ghaeilge den fhoirm ghearáin

Ghlac an tOmbudsman buíochas liom as pointí a d'ardaigh mé i mo bharúlacha maidir leis an leagan Gaeilge den fhoirm ghearáin. Bhain an deacracht ba mhó le ceist 5 ar an bhfoirm Ghaeilge: "An bhfuil teagmháil déanta agat cheana féin le hinstitiúid no le comhlacht an Aontais atá i gceist d'fhonn cúiteamh a fháil?" D'fhreagraíos nach raibh teagmháil déanta agam d'fhonn cúiteamh a fháil, agus b'fhíor sin. San aistriúchán Béarla a cuireadh faoi bhráid na Comhairle, léigh siadsan nach raibh teagmháil déanta agam d'fhonn "sásamh" a fháil.[6] Ní hionann sásamh agus

5   "'Géarghá' le rialacha teanga d'institiúidí an AE," *Foinse*, 27 Bealtaine 2007.
6   "No contact has been made for redress." Comhairle 14002/06, lch. 6.

cúiteamh. Is mar a leanas a bhí ceist 5 sa leagan Béarla den fhoirm a d'úsáid an Chomhairle: "Have you already contacted the Union institution or body concerned in order to obtain redress?"

Athchóiríodh an fhoirm ghearáin ó shin, ach is deacair neamhréireachtaí a sheachaint i gcóras casta aistriúcháin. Sa leagan idirghníomhach den fhoirm Ghaeilge anois tá "sásamh" sa cheist ábhartha,[7] ach is "cúiteamh" atá fós sa leagan in-íoslódála.

Sampla den dea-chleachtas

Ina thuarascáil bhliantúil do 2007, luann an tOmbudsman Eorpach, P. Nikiforos Diamandouros, an cás seo mar shampla léiritheach de dhea-chleachtas i bhfeidhmiú na n-institiúidí agus na gcomhlachtaí Eorpacha – cás "inar ghabh an Chomhairle leithscéal leis an ngearánach agus nuair a dhearbhaigh sé a thiomantas chun fadhbanna comhchosúla a sheachaint amach anseo tar éis don Ombudsman aird a tharraingt ar shaincheist maidir leis an nGaeilge".[8] Dhún an tOmbudsman 348 fiosrúchán i rith na bliana sin, agus roghnaigh sé seacht gcinn acu, an ceann seo ina measc, mar phríomhchásanna a léirigh an dea-chleachtas.

De réir an Ombudsman Eorpaigh, éilíonn dea-riarachán ní hamháin go gcomhlíonfadh institiúidí agus comhlachtaí an Aontais rialacha agus prionsabail dhlíthiúla, lena n-áirítear cearta bunúsacha, ach go gcuirfidís cultúr seirbhíse chun cinn freisin.[9] "Cuid ríthábhachtach de chultúr seirbhíse é botúin a aithint nuair a tharlaíonn siad agus gach rud a chur ina cheart más féidir," adeir an tOmbudsman.[10] Mar chuid dá phlé ar dhea-riarachán, ar dhrochriarachán, agus ar an gcultúr seirbhíse molta seo, díríonn an tOmbudsman aird arís chás 2580/2006/TN: tugann sé an achoimre seo a leanas de i bhfráma téacs ar leith:

---

7   Ceist 6 anois.
8   *An tOmbudsman Eorpach: Tuarascáil Bhliantúil 2007*. Na Comhphobail Eorpacha, 2008. Lch. 23.
9   Ibid., lgh. 33-4.
10 Ibid., lch. 34.

Sásaítear an gearánach le leithscéal ón gComhairle

Rinne saoránach Éireannach gearán leis an Ombudsman gur sheol an Chomhairle freagra i mBéarla chuige. Mhaígh sé gur cheart don Chomhairle é a fhreagairt i nGaeilge agus leithscéal a ghabháil leis agus leis an eagraíocht lena mbaineann sé as ucht Airteagal 21 de Chonradh an AE a shárú.

D'admhaigh an Chomhairle gur fhreagair an tAonad Faisnéise Poiblí r-phost an ghearánaigh i mBéarla, ainneoin gur i nGaeilge a bhí an r-phost a sheol an gearánach i dtosach. Ghabh an Chomhairle leithscéal as ucht na míchaoithiúlachta agus cuireadh aistriúchán Gaeilge de fhreagra na Comhairle ar fáil. Ina theannta sin, shonraigh an Chomhairle go gcinnteofaí go bhfreagrófaí iarratais ar fhaisnéis atá scríofa i nGaeilge sa teanga sin amach anseo.

Ghlac an gearánach le leithscéal na Comhairle agus d'fháiltigh sé roimh an ngealltanas chun a chinntiú go bhfreagrófaí comhfhreagras i nGaeilge trí Ghaeilge feasta.

Dhún an tOmbudsman an cás, de bhrí go raibh an gearánach sásta le réiteach na Comhairle.

2580/2006/TN[11]

B'ábhar sásaimh agus faoisimh dom féin go raibh ar mo chumas teacht ar réiteach leis an gComhairle faoin ngearán áirithe seo. Is ar an bprionsabal go raibh dualgas Conartha ar institiúidí agus ar chomhlachtaí an Aontais litreacha i nGaeilge a fhreagairt i nGaeilge a bhí m'aird dírithe, agus ba trí sheans é gurbh í an Chomhairle ba thúisce, ag am íogair, a d'fhreagair i mBéarla mé. Bhí dea-chaidreamh riamh agam go dtí sin leis an gComhairle, agus bhí a fhios agam go mbeadh géarghá lena dea-thoil le linn don Ghaeilge a bheith á suíomh mar theanga oifigiúil agus oibre.

---

11 Ibid., lch. 34.

Thairis sin, ó thús an fheachtais ar son na Gaeilge, agus go háirithe ó d'iarr Rialtas na hÉireann stádas oifigiúil agus oibre don Ghaeilge an 24 Samhain 2004, bhí caidreamh cuimsitheach leanúnach agam leis an Roinn Gnóthaí Eachtracha agus le Buanionadaíocht na hÉireann sa Bhruiséil, comhlachtaí a bhí rannpháirteach i bhfeidhmiú na Comhairle.

Fógairt an Chinnidh

D'eisigh Oifig an Ombudsman Eorpaigh preasráiteas an 23 Bealtaine 2007 faoi chearta saoránach maidir le húsáid teangacha.[12] Luadh trí shampla de chásanna ann a socraíodh le tamall roimhe sin, an ceann seo ina measc, agus tugadh naisc ghréasáin do na cásanna iomlána.[13] De réir an phreasráitis, d'aibhsigh an tOmbudsman ceart gach saoránach cumarsáid a dhéanamh le hinstitiúidí an Aontais Eorpaigh in aon cheann de na 23 theanga oifigiúla agus freagra a fháil sa teanga chéanna.

Scríobh preasoifigeach an Ombudsman chugam roimh lá eisithe an phreasráitis, ag fiafraí díom an mbeinn sásta labhairt le hiriseoirí maidir leis an gcás, agus sa chás go mbeinn, ag iarraidh orm sonraí teagmhála a chur ar fáil. Rud is annamh liom, níor thapaigh mé an deis sin. Ar ndóigh bhí a fhios ag na meáin in Éirinn, go háirithe na meáin Ghaeilge, conas teacht orm, dá mba mhian leo. Mhínigh mé don phreasoifigeach go bhféadfadh daoine na doiciméid a léamh, agus teacht ar a dtuiscintí féin dá réir. Níor mhian liom beart focal ná fuaime a chur ar fáil trína dtarraingeofaí droch-cháil ar an gComhairle. Bhí an méid a chuireas romham sa chás áirithe sin bainte amach agam, agus ba léir ón bhfaireachán a bhí ar siúl agam go raibh deacrachtaí eile le sárú fós maidir le cur i bhfeidhm na Gaeilge mar theanga oifigiúil agus oibre de chuid an Aontais Eorpaigh.

---

12 Ombudsman Eorpach, Preasráiteas uimh. 5/2007.
13 Sonraithe i bhfonóta 1 ar lch. 45 thuas.

Aguisín A

Litir chuig Comhairle an Aontais Eorpaigh

~

Seo cóip den ríomhphoist a cuireadh chuig Comhairle an Aontais Eorpaigh maidir le cur i bhfeidhm an Rialacháin lena ndearnadh teanga oifigiúil agus oibre den Ghaeilge. Is ar fhreagra i mBéarla ar an litir seo a bunaíodh an gearán chuig an Ombudsman Eorpach.

~

Ó: Pádraig Ó Laighin [...]
Seolta: 17 Iúil 2006
Chuig: 'public.info@consilium.europa.eu'
Ábhar: Cur i bhFeidhm Rialachán (CE) Uimh. 920/2005 ón gComhairle

A Uachtaráin, a chara:

Ba mhaith liom freagra a fháil chomh luath agus is féidir ar na ceisteanna seo a leanas. Tá cúlra agus comhthéacs na gceisteanna le fáil sa cheangaltán a ghabhann leis an ríomhphost seo.

Ceisteanna

1.1   Cad é an staid ina bhfuil cur chun feidhme na Gaeilge mar theanga oifigiúil agus oibre den Aontas Eorpach faoi láthair, vis-à-vis na teangacha oifigiúla go ginearálta, agus vis-à-vis na teangacha a sonraíodh mar theangacha oifigiúla an 1 Bealtaine 2004?

1.2   Cad iad na pleananna atá déanta ag Ard-Stiúrthóireacht an Aistriúcháin chun na riachtanais aistriúcháin a bhaineann le stádas oifigiúil na Gaeilge a shásamh, agus cén dul chun cinn atá déanta i gcur i bhfeidhm na bpleananna sin?

1.3   Cad iad na pleananna atá déanta maidir le tabhairt isteach leagain Ghaeilge den suíomh Gréasáin tairsí EUROPA, agus cén dul chun cinn atá déanta i gcur i bhfeidhm pleananna chun go mbeadh an suíomh Gréasáin ar fáil i nGaeilge ar dháta nach déanaí ná an 1 Eanáir 2007?

1.4   Cad é staid reatha na pleanála maidir le foilsiú leagain Ghaeilge d'*Iris Oifigiúil an Aontais Eorpaigh* ón 1 Eanáir 2007 amach?

1.5   Cad iad na pleanana atá déanta ag Ard-Stiúrthóireacht na hAteangaireachta chun na riachtanais ateangaireachta a bhaineann le stádas oifigiúil na Gaeilge a shásamh agus cén dul chun cinn atá déanta i gcur i bhfeidhm na bpleananna sin?

1.6   Go sonrach, cad é staid reatha phleanáil Ard-Stiúrthóireacht na hAteangaireachta d'ateangaireacht chomhuaineach go Gaeilge agus ó Ghaeilge ar imeachtaí Pharlaimint na hEorpa i gcomhréir leis na Rialacha Nós Imeachta? Glactar leis go n-úsáidfear próiseas na hateangaireachta dírí agus *relais* sa dá threo, agus bheifí ag súil go ndéanfaí ateangairí a fhostú le súil is go bhfeidhmeodh siad ar bhonn *retour.*

1.7   An féidir le hArd-Stiúrthóireacht na hAteangaireachta a mhíniú cén fáth nach bhfuil comórtais Ghaeilge d'ateangairí, do shaor-ateangairí nó d'ateangairí ar conradh don Pharlaimint fógraithe faoin am seo?

1.8   An féidir le hArd-Stiúrthóireacht an Aistriúcháin, le hArd-Stiúrthóireacht na Cumarsáide, leis an gCoimisiún Eorpach, agus le Parlaimint na hEorpa a mhíniú cén fáth gur fhoilsigh siad ráitis atá bréagach, míchruinn, míthreorach, agus dochrach maidir le stádas na Gaeilge mar theanga oifigiúil den Aontas Eorpach, mar atá sonraithe i míreanna 2.1, 2.2, 2.3, 2.4, agus 2.5 den doiciméad a ghabhann leis seo mar cheangaltán?

1.9   Cén ghníomhaireacht de chuid an Aontais Eorpaigh atá freagrach as monatóireacht a dhéanamh ar thionscnamh na Gaeilge mar theanga oifigiúil agus oibre den Aontas Eorpach? Laistigh d'Ard-Stiúrthóireachtaí an Aistriúcháin, na hAteangaireachta, agus na Cumarsáide, agus na haonaid a bhfuil baint acu leis na hArd-Stiúrthóireachtaí seo i ngach ceann de na hinstitiúidí, cé atá freagrach as monatóireacht a dhéanamh ar an gcur i bhfeidhm?"

Is mise, le meas,
Dr Pádraig Ó Laighin
Cathaoirleach STÁDAS

Ceangaltán: Cur i bhFeidhm Rialachán (CE) Uimh. 920/2005 ón gComhairle.

Aguisín B

Freagra na Comhairle

~

Seo cóip den ríomhphost a sheol Comhairle an Aontais Eorpaigh chugam mar fhreagra ar mo ríomhphost i nGaeilge. Líomhain an gearán gur sháraigh an freagra i mBéarla cearta comhfhreagrais a bhí leagtha síos sa Chonradh ag bunú an Chomhphobail Eorpaigh.

~

Ó: PUBLIC INFORMATION [public.info@consilium.europa.eu]
Seolta: 28 Iúil 2006
Chuig: Pádraig Ó Laighin
Ábhar: Re: Cur i bhFeidhm Rialachán (CE) Uimh. 920/2005 ón
gComhairle

Dear Mr O Laighin,

We acknowledge receipt of your e-mail of 17 July 2006, and apologise for the delay. Information on the status of the Irish language can be found on the Europa website, at http://ec.europa. eu/dgs/translation/spotlight/irish_en.htm

Your questions should be put to the European Commission, which is the body responsible for the implementation of the act granting the status of official working language of the European Union. Please take note of the Directorate-General for Translation, http://ec.europa.eu/dgs/translation/index_en.htm   and   for Interpretation, http://ec.europa.eu/comm/scic/

Sincerely,

...

DG F – Information to the Public
General Secretariat of the Council of the European Union
Tel: ...
Fax: ...
e-mail: public.info@consilium.europa.eu
Internet: http://www.consilium.europa.eu

For PDF files, a free viewer (Acrobat Reader) is available from the Adobe Systems' World-Wide Web Site.

The views expressed are purely those of the writer and may not in any circumstances be regarded as stating an official position of the Council.

The Council is a legislative body and therefore not responsible for questions concerning jurisdiction or the execution of EU legislative acts.

Aguisín C

Cur i bhFeidhm Rialachán 920/2005

~

Seo cóip den tuarascáil a sheol mé mar cheangaltán le mo ríomhphost chuig Comhairle an Aontais Eorpaigh an 17 Iúil 2006. Cé gurbh é an bunleagan Gaeilge amháin a chuir mé chuici, d'aon ghnó, ba é m'aistriúchán Béarla féin den doiciméad a d'úsáid an Chomhairle dá cumarsáid inmheánach.[1] Bhí áthas orm é sin a fháil amach níos déanaí, de bhrí go raibh an t-aistriúchán sin cruinn. Bhí cóipeanna den tuarascáil móide m'aistriúchán curtha faoi bhráid an Choimisiúin Eorpaigh agus Bhuanionadaíocht na hÉireann agam níos túisce sa bhliain.

~

Cur i bhFeidhm Rialachán (CE) Uimh. 920/2005 ón gComhairle lena nDearnadh Teanga Oifigiúil agus Teanga Oibre de Chuid an Aontais Eorpaigh den Ghaeilge: Bunphrionsabail, Ábhair Imní, agus Ceisteanna

Pádraig Ó Laighin, MA, Phd

Baile Átha Cliath, 24 Aibreán 2006

Clár

---

1   Féach, mar shampla, Comhairle 14002/06, lgh. 9–14.

1   Bunphrionsabail

1.1   Is teanga bharántúil de na Conarthaí í an Ghaeilge; tá an stádas sin aici ó aontachas na hÉireann leis na Comhphobail Eorpacha i 1973. Tá 21 teanga ann a bhfuil an stádas céanna seo acu, agus tá siad liostaithe in Airteagail 53 den Chonradh ar an Aontas Eorpach (Conradh AE) agus 314 den Chonradh ag bunú an Chomhpobail Eorpaigh (Conradh CE).

1.2   Tá an Ghaeilge ainmnithe mar theanga oifigiúil agus oibre de chuid institiúidí an Aontais Eorpaigh. Tá 21 teanga ann a bhfuil an stádas seo acu, agus is ionann an liosta díobh anois agus liosta na dteangacha barántúla. Tá na rialacha i dtaobh theangacha na n-institiúidí leagtha síos, i gcomhréir le hAirteagal 290 den Chonradh CE, i Rialachán Uimh. 1/1958 ón gComhairle, arna leasú go deireanach le Rialachán (CE) Uimh. 920/2005 ón gComhairle an 13 Meitheamh 2005 a mbeidh feidhm aige ón 1 Eanáir 2007. Sonraíonn Airteagal 1 de Rialachán 1/1958 mar a leanas:

> *"The official languages and the working languages of the institutions of the European Union shall be Czech, Danish, Dutch, English, Estonian, Finnish, French, German, Greek, Hungarian, Irish, Italian, Latvian, Lithuanian, Maltese, Polish, Portuguese, Slovak, Slovenian, Spanish and Swedish."*[1]

1.3   I gcomhréir le hAirteagal 21 den Chonradh CE, tá ceart ag saoránaigh scríobh chuig institiúidí agus comhlachtaí áirithe an Aontais Eorpaigh in aon cheann de na teangacha barántúla, an Ghaeilge san áireamh, agus freagra a fháil

---

1   Cé gur gnách liom aistriúcháin a chur ar fáil do théacsanna i dteangacha eile, fágfaidh mé an uair seo iad, ar mhaithe le haon mhíthuiscint a sheachaint, i gceann de na teangacha ina bhfuil na téacsanna oifigiúla ar fad a dtugaim sleachta astu ar fáil.

sa teanga chéanna.[2] Baineann foráil eile dá samhail, in Airteagal 2 de Rialachán Uimh. 1/1958, i dtaca le teangacha oifigiúla, le Gaeilge anois freisin. Ina theannta sin, i bhforáil atá ábhartha ina cur i bhfeidhm do na teangacha barántúla agus oifigiúla ar fad, leagadh síos in Airteagal 255 den Chonradh CE go mbeadh ceart rochtana ag saoránaigh ar dhoiciméid Pharlaimint na hEorpa, na Comhairle, agus an Choimisiúin.[3]

1.4   De réir Rialachán Uimh. 1/1958, tugtar an chóir chéanna ar bhonn comhionannais do na teangacha oifigiúla ar fad sa mhéid a bhaineann le foilsiú reachtaíochta agus doiciméad eile a bhfuil feidhm ghinearálta acu.[4]

1.5   Tá maolú sealadach i bhfeidhm i leith dhréachtú agus fhoilsiú ghníomhartha an Aontais Eorpaigh i nGaeilge. Baineann an maolú seo go díreach, go sonrach, agus go heisiach le gníomhartha an Aontais, agus ní féidir go dleathach an chiall a bhaint as go gcuimsíonn sé bearta nó solúbthachtaí eile seachas iad sin atá achtaithe go sonrach.

1.6   Tá coinníoll i Rialachán 920/2005 ón gComhairle a leagann síos i leith ghníomhartha an Aontais, agus ina leith siúd amháin, nach mbeadh dualgas ar na hinstitiúidí ach na Rialacháin a nglacfadh Parlaimint na hEorpa agus an Chomhairle leo go comhpháirteach a dhréachtú i nGaeilge agus a fhoilsiú i nGaeilge in *Iris Oifigiúil an Aontais*

---

2   Is iad seo a leanas institiúidí an Aontais Eorpaigh: Parlaimint na hEorpa, an Chomhairle, an Coimisiún, an Chúirt Bhreithiúnais, agus an Chúirt Iniúchóirí. Is iad an tOmbudsman, an Coiste Eacnamaíoch agus Sóisialta, agus Coiste na Réigiún, na comhlachtaí atá sonraithe sa chomhthéacs seo. Ba é Conradh Amstardam (1997), a thug an ceart seo isteach sa Chonradh CE.
3   Conradh Amstardam (1997) a thug an ceart seo isteach freisin. Tá na prionsabail ghinearálta agus teorainneacha a bhaineann le cur i bhfeidhm Airteagal 255 leagtha síos i Rialachán (CE) Uimh. 1049/2001 ó Pharlaimint na hEorpa agus ón gComhairle.
4   Féach Freagra an Uas Figel thar ceann an Choimisiúin an 11 Eanáir 2006 ar cheist Parlaiminteach P-4621/05 ó Marianne Thyssen, CPE.

Eorpaigh, le linn tréimhse in-athnuaite cúig bliana ag tosú an 1 Eanáir 2007. Mar a leanas an fhoráil atá i gceist:[5]

> *"By way of derogation from Regulation No 1 and for a renewable period of five years beginning on the day on which this Regulation applies, the institutions of the European Union shall not be bound by the obligation to draft all acts in Irish and to publish them in that language in the* Official Journal of the European Union.
>
> *"This Article shall not apply to Regulations adopted jointly by the European Parliament and the Council."*

Sa mhéid go bhféadfadh doiciméid seachas gníomhartha a bheith i gceist, ní mhodhnaítear leis an maolú seo an ceanglas atá ar an Aontas Eorpach faoi Airteagal 4 de Rialachán Uimh. 1/1958 doiciméid a bhfuil feidhm ghinearálta acu a fhoilsiú sna teangacha oifigiúla ar fad.

1.7   Tá maolú sealadach i bhfeidhm i leith dhréachtú agus fhoilsiú ghníomhartha an Aontais i Máltais. Cé go bhfuil difríochtaí sa chlár ama agus san achar ama a leagadh síos, is ionann go beacht an maolú seo ina éifeacht agus ina raon feidhme leis an maolú Éireannach, agus is mar a leanas a phríomhfhoráil:[6]

> *"By way of derogation from Regulation No 1 and for a period of three years beginning on 1 May 2004, the institutions of the European Union shall not be bound by the obligation to draft all acts in Maltese and to publish them in that language in the* Official Journal of the European Union.
>
> *"This Article shall not apply to Regulations adopted jointly by the European Parliament and the Council."*

---

5   Airteagal 2.
6   Airteagal 1, Rialachán (CE) Uimh. 930/2004 ón gComhairle an 1 Bealtaine 2004.

1.8   Cé gur saintréith den Aontas Eorpach é an t-ilteangachas, tá institiúidí i dteideal faoi Rialachán Uimh. 1/1958 teangacha nós imeachta, go hiondúil Béarla, Fraincis, agus Gearmáinis, a úsáid chun críoch inmheánach, ar choinníollacha áirithe.[7] Tá na teangacha oifigiúla ar fad ar fáil i gcomhair úsáide do chumarsáidí seachtracha, agus tugtar an chóir chéanna dóibh ar fad.[8]

1.9   Tá Rialacha Nós Imeachta leagtha síos ag Parlaimint na hEorpa de réir Airteagal 199 den Chonradh CE. Forálann Riail 138, mír 2, de na Rialacha Nós Imeachta sin mar a leanas:

> *"All members shall have the right to speak in Parliament in the official language of their choice. Speeches delivered in one of the official languages shall be simultaneously interpreted into the other official languages and into any other language the Bureau may consider necessary."*

Foráiltear i Riail 139 do shocrú idirthréimhseach maidir le teangacha oifigiúla na mBallstát a chuaigh in aontachas leis an Aontas Eorpach an 1 Bealtaine 2004; leagtar síos dáta foirceannta agus meicníocht chun deireadh a chur leis an socrú go luath, nó é a fhadú más gá. Níl aon socrú idirthréimhseach déanta maidir leis an nGaeilge.

1.10   Ón 1 Eanáir 2007 ar aghaidh, ba chóir go mbeadh fáil i nGaeilge ar an raon iomlán seirbhísí teanga atá ar fáil faoi láthair sna teangacha oifigiúla eile ar fad. Cuimsíonn sé seo an tairseach idirlín EUROPA agus a dhoiciméadacht ar fad, de réir cleachtas reatha; foilsiú leagain Ghaeilge d'*Iris Oifigiúil an Aontais Eorpaigh*; na seirbhísí ateangaireachta sin a mbeadh gá leo sa Choimisiún agus i gComhairle an

---

7   D'úsáid Ard-Stiúrthóir an Aistriúchán, Karl-Johan Lönnroth, an frása *"so-called procedural languages"* ag tagairt do na trí theanga sin in "The building of a multilingual Europe", Karl-Johan Lönnroth, Kommunikations- og Sprog Forum, Cóbanhávan, 6 Deireadh Fómhair 2005, lch. 3.
8   Féach "The building of a multilingual Europe", Karl-Johan Lönnroth, lch. 3.

Aontais Eorpaigh; agus comhlíonadh iomlán Riail 138 (2) de Rialacha Nós Imeachta Pharlaimint na hEorpa a thugann ceart labhartha sa Pharlaimint do gach Comhalta i dteanga oifigiúil dá rogha féin, agus ceart éisteachta sa teanga chéanna, trí ateangaireacht chomhuaineach, le hóráidí i dteangacha eile.

2 Ábhair Imní

2.1 Luann doiciméad a d'eisigh Ard-Stiúrthóireacht an Aistriúcháin an méid seo a leanas:

> "For practical reasons, the Council decided that only **regulations adopted by the European Parliament and the Council under the co-decision procedure** will have to be available in Irish."[9] (Cló dubh sa bhunleagan).

Tá an ráiteas seo lochtach ó thaobh dlí de, agus is bréagach an ginearálú a mhaítear ann. Ina chomhthéacs, tá sé míchruinn agus míthreorach. Chinn an Chomhairle go gcaithfí achtanna a nglacfaí leo i gcomhpháirt, as measc achtanna uile an Aontais, a chur ar fáil i nGaeilge. Níl aon éifeacht ag an maolú ar réimsí eile eolais agus cumarsáide – ar eolas atá ar fáil ar an suíomh Gréasáin EUROPA, mar shampla.

2.2 D'eisigh Parlaimint na hEorpa preasráiteas an 28 Meán Fómhair 2005 a shonraíonn mar a leanas:

> "In November 2004, the Irish government tabled a proposal in Brussels seeking official and working status in the EU for the Irish language. In June 2005, this proposal was adopted. It will come into effect on 1 January 2007, with a partial derogation in place whereby only key legislation

---

9   "Is í an Ghaeilge an 21ú teanga oifigiúil den Aontas Eorpach: Irish becomes the 21st official language of the EU." Directorate-General for Translation. Dáta a cruthaíodh: 30-06-2005. Dáta deireanach a thugtha suas chun dáta: 08-07-2005. http://europa.eu.int/comm/dgs/translation/spotlight/irish_en.htm .

must be translated into Irish, i.e. Irish translations will only be carried out for documents covered by co-decision between the European Parliament and the Council of Ministers."[10]

Arís tá an ráiteas seo lochtach go dlíthiúil, agus tá sé míchruinn agus míthreorach. Is féidir na teangacha oifigiúla ar fad a úsáid mar phointe tagartha, ach is í staid na Máltaise an critéar deiridh: má tá seirbhísí idirlín agus eile ar fáil i Máltais, caithfidh na seirbhísí seo, ar a laghad, a bheith ar fáil i nGaeilge.

2.3   Cuimsíonn preasráiteas céanna na Parlaiminte den 28 Meán Fómhair 2005 an ráiteas seo a leanas:

> *"From 2007, Irish MEPs will be able to speak Irish during Parliament debates, where interpretation will be provided from Irish to English only."*[11]

Níl aon bhunús ag an ráiteas seo i ndlí ná i bhfíoras, agus is féidir breathnú air mar ionann is díspeagadh Chomhaltaí na Parlaiminte arb é a sainchumas féin amháin é Rialacha Nós Imeachta na Parlaiminte a leasú, le móramh, má thograíonn siad é sin a dhéanamh. Aon leasú airbheartaithe dá leithéid d'éagmais údaráis dhlíthiúil, tá sé *ultra vires*.

2.4   Ina bhróisiúr a eisíodh i Meán Fómhair 2004, maíonn an Coimisiún Eorpach an méid seo a leanas: *"EUROPA is kept up-to-date with the latest information and data – as much as possible in 20 languages."*[12] Beidh feidhm ag an gcinneadh an 21ú teanga, an Ghaeilge, a thabhairt isteach, ón 1 Eanáir 2007. Sa leagan reatha de *"About EUROPA: Frequently Asked Questions"*, cuirtear an cheist *"What languages is EUROPA*

---

10   *"Stádas na Gaeilge san Aontas Eorpach* – Status of Irish in the EU." Seirbhís Nuachta Pharlaimint na hEorpa. Tag.: 20050928IPR00827. 28-09-2005.

11   Ibid.

12   "Europa: Your gateway to the European Union." An Coimisiún Eorpach. NA-60-04-402-EN-D. Meán Fómhair 2004.

available in?" Mar chuid den fhreagra, tá an ráiteas seo a leanas:

> "Irish will become the 21st official language of the European Union from 1 January 2007 following an agreement within the Committee of Permanent Representatives of EU member states on June 2005. However, for practical reasons and on a transitional basis the European Union institutions will not be bound by the obligation to draft and translate documents in the Irish language."[13] (Tá líne faoin fhocal "Irish" sa bhunleagan).

Tá an ráiteas seo lochtach go dlíthiúil, agus tá sé míchruinn agus míthreorach. Tá gach ceann den dá abairt ann mícheart ó thaobh dlí agus ó thaobh na bhfíoras. Ar an gcéad dul síos, ba í Comhairle na nAirí a chuir an Ghaeilge ar liosta na dteangacha oifigiúla agus oibre, Airí na mBallstát ar fad ag gníomhú d'aon toil. Ar an dara dul síos, tá an ráiteas faoi dhréachtú agus faoi aistriúchán bréagach.

Cé nach bhfreagraítear an cheist maidir leis an tairseach EUROPA a bheith ar fáil i nGaeilge, agus a raon faisnéise sa teanga sin agus cén uair a chuirfí tús leis, tugann an freagra le tuiscint nach gcaithfear le Gaeilge sa tslí ina gcaitear leis na teangacha oifigiúla eile ar fad, agus go bhfuil baint ar chuma éigin ag an staid seo leis an maolú. Is féidir go réasúnta ciall a bhaint as an ráiteas seo gur iarracht d'aon ghnó é mearbhall a chur ar dhaoine faoin tsaincheist – de bhrí nár sainaithníodh údarás dlíthiúil ainmniú na Gaeilge mar theanga oifigiúil, agus gur cuireadh i láthair cuid roghnach den réamhaithris (*"for practical... basis"*) fad is atá na forálacha substainteacha á gcur as a riocht. Mar mhalairt ar an míniú sin, b'fhéidir go raibh an t-údar aineolach ar na fíorais: ní dócha gurbh amhlaidh a bhí, áfach, i bhfianaise

---

13   "What languages is EUROPA available in?" EUROPA. http://europa.eu.int/abouteuropa/faq/q10/index_en.htm

na nósanna imeachta um beachtú eolais roimh fhoilsiú a fheidhmíonn an Coimisiún go hiondúil.

Ní dhéanann an freagra aon tagairt don fhíoras go mbeidh an Ghaeilge agus an Mháltais, i dtréimhse a thosnóidh an 1 Eanáir 2007, faoi réir maoluithe a bhfuil an raon feidhme ceannann céanna acu. Is ní suntasach go dlíthiúil é go dteipeann ar an doiciméad ráiteas a dhéanamh maidir le Máltais atá cosúil leis an ráiteas a dhéantar maidir le Gaeilge. Dá leanfaí múnla an chuntais ar Ghaeilge, d'fhéadfaí an méid seo a rá sa dara habairt vis-à-vis an Mháltais: *"However, due to the current situation regarding the recruitment of Maltese linguists and the resulting lack of Maltese translators, the European Union institutions will not be bound by the obligation to draft and translate documents in the Maltese language."* Arís, ar ndóigh, cé go bhfuil an chéad chuid den abairt tógtha go roghnach ó réamhaithris do mhaolú Mhálta, bheadh an dara cuid chomh bréagach céanna is atá an ráiteas faoin nGaeilge. Luann an doiciméad go gcuirfear eolas ginearálta ar fáil sna naoi dteanga oifigiúla nua a tugadh isteach an 1 Bealtaine 2004 de réir mar a mhéadaíonn an cumas riachtanach aistriúcháin.[14] Is é fírinne an scéil é go bhfuil an tairseach ar fáil i bhfiche teanga oifigiúil, agus gur suntasach go fírinneach an méid eolais ghinearálta atá ar fáil sna teangacha seo ar fad, an Mháltais san áireamh, ar na leathanaigh baile, agus ar na rannáin gur féidir dul chucu go díreach ó na leathanaigh baile agus ó na hinnéacsanna. Tá sé réasúnta a bheith ag súil go mbeadh an raon céanna eolais ghinearálta ar fáil i nGaeilge tríd an tairseach EUROPA, le héifeacht ón 1 Eanáir 2007 ar a dhéanaí.[15]

---

14   Nó mar atá ráite sa doiciméad, *"will become available as the necessary translation capacity increases"*.
15   D'fhéadfadh *Doras feasa an Aontais Eorpaigh* a bheith mar ainm ar an bpointe iontrála i nGaeilge, nó *Tairseach an Aontais Eorpaigh*.

2.5 I ndoiciméad eile de chuid Ard-Stiúrthóireacht an Aistriúcháin, tugtar i bhfoirm cairte liosta na dteangacha oifigiúla agus blianta a n-iontrála nó a bhfuil súil lena n-iontráil.[16] Tá dhá theanga ar fhichid ar an liosta, an Bhulgáiris agus an Rómáinis san áireamh. Táthar ag súil go ndéanfaí teangacha oifigiúla den dá theanga sin sa bhliain 2007. Níl an Ghaeilge ar an liosta. Cruthaíodh an doiciméad ar an 3 Feabhra 2005, agus tugadh suas chun dáta é ar an 9 Feabhra 2006.[17]

2.6 Tá comórtas do léitheoirí profaí Gaeilge reáchtáilte ag an Oifig Eorpach um Roghnú Foirne *(Epso)*, agus tá pleananna acu comórtas d'aistritheoirí Gaeilge a chur ar siúl sa chéad seimeastar de 2006.[18] Dar le h*Epso*, níl aon chomórtas ar siúl nó pleanáilte d'ateangairí Gaeilge don Pharlaimint nó do na hinstitiúidí eile; agus níl aon réamhphleananna acu d'fhostú saor-ateangairí nó ateangairí ar conradh don Ghaeilge don Pharlaimint. San am céanna, tá raidhse comórtas ar siúl agus pleanáilte, comórtais d'ateangairí san áireamh, don Bhulgáiris agus don Rómáinis, teangacha nach bhfuil dáta a n-iontrála socraithe fós.

2.7 Tá sé tugtha faoi deara gur thuairiscigh an Coimisiún don Pharlaimint mar a leanas: *"It would appear that there are indeed hardly any conference interpreters with Irish known to the EU's interpreting services."*[19] Tá ábharthacht impiriciúil an chritéir a thugtar sa ráiteas seo doiléir, de dheasca gan eolas a bheith ar fáil ar an modheolaíocht a

---

16 "Dates of language enlargements." Directorate-General for Translation. Suas chun dáta deireanach: 09-02-2006. http://europa.eu.int/comm/dgs/translation/ enlargement/overview_en.htm .

17 Mar atá luaite, ainmníodh an Ghaeilge mar theanga oifigiúil an 13 Meitheamh 2005.

18 "Planned competitions." Oifig Eorpach um Roghnú Foirne. http://europa. eu.int/epso/index_en.htm .

19 Féach Freagra an Uas Figel thar ceann an Choimisiúin an 2 Márta 2006 ar cheist Pharlaiminte E-0129/06 ó Bhairbre de Brún, CPE.

úsáideadh. Is deacair a dheimhniú go bhfuil nó nach bhfuil ateangairí Gaeilge a bhfuil na cáilíochtaí agus na caighdeáin riachtanacha acu ar fáil mura gcuirtear comórtais ar siúl. Glacann an t-údar leis go bhfuil easnaimh ann in oiliúint ateangairí comhdhála sa chóras oideachais tríú leibhéal in Éirinn: is féidir le húdaráis oideachais na hÉireann na heasnaimh sin a shárú trí ghníomhaíocht chuí.

3   Ceisteanna

3.1   Cad é an staid ina bhfuil cur chun feidhme na Gaeilge mar theanga oifigiúil agus oibre den Aontas Eorpach faoi láthair, vis-à-vis na teangacha oifigiúla go ginearálta, agus vis-à-vis na teangacha a sonraíodh mar theangacha oifigiúla ar an 1 Bealtaine 2004?

3.2   Cad iad na pleananna atá déanta ag Ard-Stiúrthóireacht an Aistriúcháin chun na riachtanais aistriúcháin a bhaineann le stádas oifigiúil na Gaeilge a shásamh, agus cén dul chun cinn atá déanta i gcur i bhfeidhm na bpleananna sin?

3.3   Cad iad na pleananna atá déanta maidir le tabhairt isteach leagain Ghaeilge den suíomh Gréasáin tairsí EUROPA, agus cén dul chun cinn atá déanta i gcur i bhfeidhm pleananna chun go mbeadh an suíomh Gréasáin ar fáil i nGaeilge ar dháta nach déanaí ná an 1 Eanáir 2007?

3.4   Cad é staid reatha na pleanála maidir le foilsiú leagain Ghaeilge d'*Iris Oifigiúil an Aontais Eorpaigh* ón 1 Eanáir 2007 amach?

3.5   Cad iad na pleananna atá déanta ag Ard-Stiúrthóireacht na hAteangaireachta chun na riachtanais ateangaireachta a bhaineann le stádas oifigiúil na Gaeilge a shásamh, agus cén dul chun cinn atá déanta i gcur i bhfeidhm na bpleananna sin?

3.6   Go sonrach, cad é staid reatha phleanáil Ard-Stiúrthóireacht na hAteangaireachta d'ateangaireacht chomhuaineach go Gaeilge agus ó Ghaeilge ar imeachtaí Pharlaimint na hEorpa i gcomhréir leis na Rialacha Nós Imeachta? Glactar leis go n-úsáidfear próiseas na hateangaireachta dírí agus *relais* sa dá threo, agus bheifí ag súil go ndéanfaí ateangairí a fhostú le súil is go bhfeidhmeodh siad ar bhonn *retour*.

3.7 An féidir le hArd-Stiúrthóireacht na hAteangaireachta a mhíniú cén fáth nach bhfuil comórtais Ghaeilge d'ateangairí, do shaor-ateangairí, nó d'ateangairí ar conradh don Pharlaimint fógraithe faoin am seo?

3.8 An féidir le hArd-Stiúrthóireacht an Aistriúcháin, le hArd-Stiúrthóireacht na Cumarsáide, leis an gCoimisiún Eorpach, agus le Parlaimint na hEorpa a mhíniú cén fáth gur fhoilsigh siad ráitis atá bréagach, míchruinn, míthreorach, agus dochrach maidir le stádas na Gaeilge mar theanga oifigiúil den Aontas Eorpach, mar atá sonraithe i míreanna 2.1, 2.2, 2.3, 2.4, agus 2.5 thuas?

3.9 Cén ghníomhaireacht de chuid an Aontais Eorpaigh atá freagrach as monatóireacht a dhéanamh ar thionscnamh na Gaeilge mar theanga oifigiúil agus oibre den Aontas Eorpach? Laistigh d'Ard-Stiúrthóireachtaí an Aistriúcháin, na hAteangaireachta, agus na Cumarsáide, agus na haonaid a bhfuil baint acu leis na hArd-Stiúrthóireachtaí seo i ngach ceann de na hinstitiúidí, cé atá freagrach as monatóireacht a dhéanamh ar an gcur i bhfeidhm?

Tá an Dr Pádraig Ó Laighin ina Chathaoirleach ar Stádas, brateagraíocht Ghaeilge, agus ina shocheolaí ag Ionad Taighde na hEolaíochta Comhdhaonnaí, An Coláiste Ollscoile, Baile Átha Cliath / Social Science Research Centre, University College Dublin.

∽

Aguisín D

LITIR ÓN OMBUDSMAN EORPACH

～

Tar éis don Ombudsman a dheimhniú go raibh mo ghearán inghlactha faoi réir na gcritéar a leagadh amach sa Chonradh ag bunú an Chomhphobail Eorpaigh agus i Reacht an Ombudsman Eorpaigh, sheol sé an litir seo a leanas chugam an 13 Meán Fómhair 2006 a dhearbhaigh go raibh iniúchadh curtha ar bun aige.[1] Déantar cur síos inti ar an líomhain a rinne mé, ar na héilimh a d'éiligh mé mar shásamh, agus ar na céimeanna a bheadh i gceist i bpróiseas an iniúchta.

～

---

1 Ar mhaithe le caighdeáin foilsithe, cheartaíos deilbhíocht an bhriathair sa dá chás seo sa litir (leagan na bunlitreach idir lúibíní): *Nuair a bheidh an tuairim seo tugtha (tabhartha)* agus *Nuair a bheidh do bharúlacha tugtha (tabhartha)*.

AN TOMBUDSMAN EORPACH

(41340)

P. NIKIFOROS DIAMANDOUROS

Dr Pádraig Ó Laighin
. . . .
IRLANDE

Strasbourg,   1 3 -09- 2006

Gearán 2580/2006/TN

A Dhochtúir Uí Laighin, a chara,

Ar 1 agus 2 Lúnasa 2006, dhein tú gearán leis an Ombudsman Eorpach i dtaobh Comhairle an Aontais Eorpaigh, á líomhain gur theip ar an gComhairle freagra sa Gaeilge a thabhairt ar do litir ó 17 Iúil 2006.

D'iarr mé ar an gComhairle tuairim a thabhairt maidir leis an líomhain agus na héilimh seo a leanas:

Líomhnaíonn an gearánaí gur sháraigh an Chomhairle a chearta faoi Airteagal 21 den Chonradh ag bunú an Chomhphobail Eorpaigh nuair nár tugadh freagra sa Gaeilge ar litir an ghearánaí ó 17 Iúil 2006.

Éilíonn an gearánaí gur cheart don Chomhairle:

1.   Freagra as Gaeilge a thabhairt dó; agus

2.   Leithscéal a ghabháil leis féin agus le STÁDAS don sárú a deineadh ar Airteagal 21 de Chonradh CE.

Tá do ghearán á iniúchadh faoi láthair agus cuirfidh mé an réamhthoradh in iúl duit chomh luath agus is féidir.

De réir na nAirteagal 2(2) agus 3(1) de Reacht an Ombudsman Eorpaigh, chuireas do ghearán in iúl d'Ardrúnai na Comhairle agus d'iarras air tuairim a thabhairt mar gheall ar an ngearán roimh 30 Samhain 2006. Nuair a bheidh an tuairim seo tugtha, cuirfidh mé a mbeidh le rá aige in iúl duit agus cuirfidh mé cuireadh ort féin do bharúlacha a thabhairt, más mian leat, laistigh d'aon mhí amháin. Tabhair faoi ndeara go mb'fhéidir go mbeadh moill bheag ann sula gcuirfear an tuairim seo chugat sa chás má bhíonn gá le haistriúchán.

An tOmbudsman Eorpach
1, avenue du Président Robert Schuman – B.P. 403 – F-67001 STRASBOURG Cedex
☎ : +33 (0)3.88.17.23.13 – Fax : +33 (0)3.88.17.90.62
http://www.ombudsman.europa.eu – eo@ombudsman.europa.eu

Nuair a bheidh do bharúlacha tugtha agat féin, nó má téitear thar an spriocdháta, déanfaidh an t-oifigeach dlí at freagrach as do chás an comhad a iniúchadh: . . . . , tel: . . . . Má bhíonn gá lena thuilleadh fiosrúchán sular féidir leis an Ombudsman cinneadh a dhéanamh maidir le do ghearán, cuirfear é seo in iúl duit.

Deintear gach iarracht ar dheighleáil le cásanna chomh luath agus is féidir. Deineann an tOmbudsman cinneadh laistigh de bhliain ó deineadh an gearán, ach amháin i gcásanna eisceachtúla nó má bhíonn ualach mór oibre ina mbíonn gá le fiosrúchán níos faide.

Is mise, le meas,

P. Nikiforos DIAMANDOUROS

2